Feel vivid new culture,
TOKYO!

COLOR✛PLUS

東京

Ready to go!

人人出版

早安！
今天要做什麼呢？

#朝霞下的東京晴空塔® »P.100

#漂亮的清真寺 »P.120

#支援早上的活力 »P.70

#招牌早餐 »P.70

#東京的海灘 »P.124

開啟！！
東京體驗之旅！

Cake!!

Pink!

#霜淇淋　》P.22

#複合式麵包咖啡店　》P.80

#時尚三明治　》P.76

以江戶女孩之姿
走在淺草寺的參拜道路上吧♪

#穿和服遊淺草 ≫P.58

我們是東京人氣美食！

壽司、漢堡、鬆餅。

具有人氣的和風口味

（右起）蓬鬆柔軟的泡沫剉冰「Parlor Vinefru 銀座」（≫P.85）、銀座的日式咖啡廳「SALON GINZA SABOU」（≫P.52）、「TWENTYEIGHT」的下午茶（≫P.87）、水果滿滿的「Qu'il fait bon GRAND MAISON GINZA」的塔點（≫P.53）

就算是零食，也想好好講究一番。

#漂亮甜點　≫P.30

（右上起）「CAFE & DINING ZelkovA」的露臺座位（▶P.43）、「Athénée Français的牆壁（▶P.68）、美式氛圍的「CAROLINE DINER」（▶P.39）、包裝也很時尚的「CRAFT CHOCOLATE WORKS」巧克力（▶P.110）、「& sandwich.」的三明治（▶P.76）

東京，色彩絢麗得耀眼奪目。

#舊古河庭園的玫瑰花　▶P.99

6

不知道明天
會遇見什麼呢？

#東京夜景 ≫P.104

The ESPRESSO
EDW
D'WORKS

咖啡廳作個結尾

小酌後在深夜

（右起）在營業至深夜的「ESPRESSO D WORKS」盡情享受甜點和酒品（≫P.90）、燈籠色彩繽紛美麗的「SANAGI SHINJUKU」（≫P.28）、東京晴空塔®夜裡的「天望回廊」在照明燈光下相當夢幻（≫P.100）、從「ISOLA SMERALDA」的露臺座位能看見東京站（≫P.89）

020 | ©YAYOI KUSAMA

022 |

024 |

027 |

028 |

031 |

033 |

034 |

010 WELCOME TO Tokyo
012 行前須知 TOPICS
014 東京時下流行 PLAN
016 TOKYO最新NEWS

018 TOKYO MAKES ME HAPPY
現在東京讓人開心的事

020 Special1 草間彌生 × 圓點 體驗多采多姿的世界！
022 Special2 美味 × 可愛 × 冰淇淋 實現內心渴望！
024 Special3 奧澀谷 × 散步 時尚區域的最新地點
026 Special4 粉紅色 × 景點 在此度過甜蜜時光 ♥
028 Special5 亞洲 × 路邊攤村 潛入新東京！
030 Special6 超好拍 × 甜點 讓人一見傾心 ♥
032 Special7 神樂坂 × 小巴黎 感受巴黎女孩氛圍
034 Special8 活動 × 夢幻 想好好享受東京的夜晚！

036 MUST SEE, MUST VISIT
The best of Tokyo trip is here!

OMOTE SANDO 表參道
038 現在一定要去的時尚咖啡廳
040 來自海外的美食＆甜點
042 在露臺咖啡度過午餐時光
044 在選貨店尋找「出色」商品
046 Watch現代藝術！
068 [COLUMN] 有會讓人想拍照的牆壁

GINZA 銀座
048 已經去過了嗎？GINZA SIX
050 令女孩欣喜的健康午餐
052 讓人心動雀躍的SWEETS咖啡廳
054 初次鑑賞歌舞伎
056 尋找喜歡的文具

ASAKUSA 淺草
058 穿和服參拜淺草寺
060 在仲見世通一帶購物
062 在老宅翻新CAFE輕鬆愉快地午餐
064 下町的美味日式甜點
066 在Hoppy通逐店酌飲

What do you feel like doing?

073 |

076 |

082 |

084 |

086 |

102 |

108 |

110 |

Experience
感動體驗等著你

120 彩繪玻璃輝煌閃耀的東京清真寺
122 體驗江戶文化♪
124 新宿出現白色Beach！
126 STAY在獨特的民宿
128 [COLUMN]
　　住看看主題飯店

≫ *TOWN* 還有魅力街區

130 代官山的時尚SHOP
132 個性派GOODS在中目黑
134 自由之丘簡直是甜點天堂♡
136 日本橋的復古SPOT介紹

138 溫暖心靈的谷根千美食散步
140 在吉祥寺找到喜歡的東西！
142 前往咖啡街區——清澄白河

B-side
144 挑戰皇居慢跑！
146 搭世田谷線尋找可愛的東西
148 東京的深夜！

150 東京其他有趣的慶典&活動
151 ACCESS GUIDE 交通指南
154 INDEX
159 Trip Note

Shopping
想買的都在這裡

108 在澀谷Hikarie購物
110 超級喜歡巧克力♡
112 講究天然的商品Good！
114 在東京站尋找伴手禮
116 百貨公司地下美食街是Sweets仙境♪
118 [COLUMN]
　　適合大人的可愛平價雜貨

Gourmet
網羅眾多美食！

070 一同早起吧！推薦到此享用早餐
072 狙擊HOT的肉肉美食！
074 品嚐江戶美食♪
076 現今的人氣時尚三明治
078 能品味外國氛圍的CAFE
080 從早到晚烘焙麵包店！
082 We Love ♡ 鬆餅
084 融化在冰涼的甜點 ♡
086 在憧憬的飯店來場下午茶時光
088 決定到夜景餐廳Dinner！
090 在深夜咖啡廳度過舒適放鬆的TIME
092 [COLUMN]
　　在東京要去的咖啡小站

Discovery
能夠邂逅新發現的旅程

094 在六本木就該去的藝術SPOT
096 上野的博物館非常有趣
098 宛如電影世界！美麗的圖書館
100 前往東京晴空塔城
102 搭SKY BUS觀光台場夜景
104 這才是正解！東京夜晚的遊玩方式
106 [COLUMN]
　　發現各種風貌的東京鐵塔！

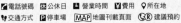

icon	📞電話號碼	🛌公休日	🕐營業時間	¥費用	📍所在地
	🚃交通方式	🅿停車場	MAP地圖刊載頁面	®R建議預約	

※使用本書時，請先確認P.158的〈本書使用注意事項〉。

#鬆軟滑嫩 #早餐

📍 Sarabeth's 東京店 》》P.71

#亞洲的路邊攤村 #色彩繽紛

📍 SANAGI SHINJUKU 》》P.28

#超好拍 #聖代

📍 Cafe de Peru 》》P.30

#世界最高的塔 #觀景台

📍 東京晴空塔® 》》P.100

WELCOME TO Tokyo 東京

Get Ready!

#表參道 #露臺咖啡廳

📍 crisscross 》》P.42

Bean to Bar # 可可豆

📍 CRAFT CHOCOLATE WORKS 》》P.110

#彩繪玻璃 #異國

📍 東京清真寺 》》P.120

#時尚咖啡廳 #北歐

📍 Nicolai Bergmann NOMU 》》P.38

東京晴空塔® 》》P.100

好高！

在世界第一高塔能俯瞰東京的觀景台裡，還有商店、咖啡廳、餐廳。

東京鐵塔 》》P.106

經典地標

城市的象徵—東京鐵塔，試著在市區裡尋找美麗的鐵塔之姿吧。

➕more Area
吉祥寺 》》P.140

漂亮！

數次榮登「最想居住的街區第一名」的時尚區域。自然環境也豐富，讓人感覺受到療癒！

表參道的露臺咖啡廳 》》P.42

露臺

在表參道擁有露臺座位的咖啡廳，在寬敞開放的空間悠閒地享受午餐。

淺草寺 》》P.58

王道！

東京的王道觀光景點。租借和服前往淺草寺參拜，品味江戶女孩的氛圍吧。

➕more Area
自由之丘 》》P.134

時尚

這個街區匯集了甜點愛好者無法抗拒的甜點店，大人成熟的街區氛圍也很令人享受。

草間彌生美術館 》》P.20

南瓜

草間彌生自己首次打造的美術館終於誕生。在這裡能實際感受色彩繽紛的世界。

超好拍甜點 》》P.30

超可愛！

令人不禁就想拍下來的可愛甜點，齊聚一堂。

➕more Area
代官山 》》P.130

心靈綠洲！

充滿成熟氛圍的代官山，集結了許多時尚流行的咖啡廳和商店。

PICK UP!

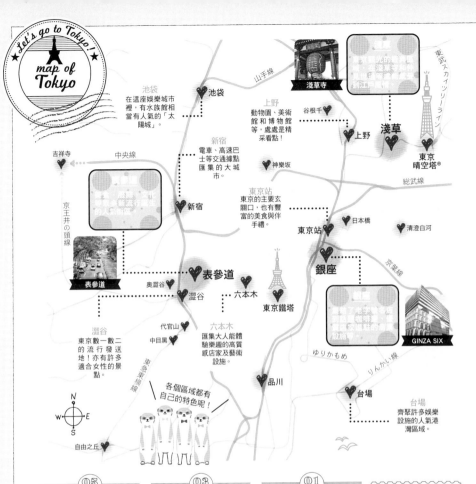

★ Let's go to Tokyo !

map of Tokyo

山手線

淺草寺

東武スカイツリーライン

池袋
在這座娛樂城市裡，有水族館相當有人氣的「太陽城」。

池袋

上野
動物園、美術館和博物館等，處處是精采看點！

谷根千

上野

淺草

東京晴空塔®

新宿
電車、高速巴士等交通據點匯集的大城市。

吉祥寺

中央線

神樂坂

総武線

京王井の頭線

新宿

東京站
東京的主要玄關口，也有豐富的美食與伴手禮。

日本橋

清澄白河

東京站

表參道

奧澀谷

澀谷

六本木

銀座

京葉線

表參道

東京鐵塔

GINZA SIX

澀谷
東京數一數二的流行發送地！亦有許多適合女性的景點。

代官山

中目黑

六本木
匯聚大人能體驗樂趣的高質感店家及藝術設施。

品川

ゆりかもめ

りんかい線

東急東橫線

各個區域都有自己的特色呢！

N W E S

自由之丘

台場

台場
齊聚許多娛樂設施的人氣港灣區域。

05
從機場到主要車站也有高速巴士可搭

從羽田機場、成田機場選擇搭乘直達高速巴士前往主要車站、觀光景點的話，就不用帶著沉重的行李轉乘電車，能夠輕鬆移動。

03
靈活運用交通優惠票券

JR、東京Metro地鐵、都營地鐵等各線都售有1日內無限次搭乘的乘車券，1日內要多次搭乘電車的話，就會很划算。

01
要在東京觀光的話，推薦3天2夜

由於東京的景點很多，花上3天2夜慢慢地遊覽比較好。劃分成淺草等下町較多的東部和表參道與澀谷較多的西部，集中區域遊覽會較有效率。

行前小知識

東京每個區域都有自己的特色。由於區域與區域之間相對較近，也有些地方步行就可以抵達。所以事先透過地圖掌握距離感，好運用JR、地鐵、觀光巴士移動吧。

06
事先確認排隊店家

東京的人氣店家很多都需要排隊，有可能無法馬上進入店內。什麼時候去人潮會較少、隊伍會排多長，查好資訊後，安排在行程充裕的時候前往吧。

04
有站名不同但方便轉乘的車站

有站名雖然不同，但實際上相距不遠，方便轉乘的車站。原宿站和明治神宮站〈原宿〉站之間步行3分，銀座站與有樂町站之間步行5分，彼此在步行範圍內。

02
在都內移動，基本要靠鐵道！

移動的交通工具以JR、地鐵等鐵道為主。東京有多條鐵道路線，遍布全域，幾乎涵蓋所有重要景點，因此觀光時基本上搭電車移動為佳。

stay
要在東京住宿的話，民宿正流行！

住起來不只比城市飯店便宜，近期的民宿有翻新老屋而成的，或是能住在書櫃中的獨特構造，頗具個性又充滿樂趣，因而蔚為話題。

art
要去看看美術館、博物館的企劃展喔

希望大家能關注看看美術館和博物館推出的期間限定企劃展。來盡情觀賞在這段期間內才見得到的作品吧。由於週六日、假日、黃金週期間等會有排隊人潮，並且可能會限制入場，有喜歡的企劃展建議最好事先購買預售票。

shop
要在最後一刻購買伴手禮的話，就在東京站買吧！

盡情觀光東京之後，別忘了購買伴手禮。太早購買的話，會增加旅行負擔，因此建議大家在搭乘回程的電車之前，在東京站採買伴手禮。在東京站還有許多這裡才買得到的限定甜點和商品，最適合在此尋購伴手禮了！要買給家人、朋友，當然也不能忘了給自己的♪

---

event
一年之中會舉辦各種活動

在東京，春天有櫻花祭、夏天有煙火大會、秋天有萬聖節及美食節、冬天有燈飾點燈等，有非常多的季節性活動！參加造訪季節時的活動，開心遊玩吧！

MAP route
觀光澀谷和表參道區域，就搭八公巴士

要觀光澀谷和表參道區域，就活用社區巴士「八公巴士」吧。以澀谷站為起點，行經原宿、表參道、千駄谷、代代木的「神宮之杜路線」，行駛間隔約15分，費用才100円相當優惠！

MAP route
靈活運用暫時寄放行李的服務吧

觀光時帶著大件行李相當不方便，為了讓自己輕鬆享受觀光，靈活運用暫時寄放行李的服務吧。東京晴空塔®、東京站、「GINZA SIX」、淺草和高速巴士的起迄站——「新宿高速巴士總站」等處，會有暫時寄放行李的服務。還有能宅配至新幹線月台或機場等的服務，非常方便。

MAP route
感到困惑時，就到觀光服務處！

在都內有數個在你想要取得觀光地區的資訊，或是想知道店家的位置時，都會立刻告訴你的觀光服務處。有銀座的「G Info」、淺草的「淺草文化觀光中心」、澀谷的「澀谷地下道綜合服務中心 WANDER COMPASS SHIBUYA」等，大致上主要區域都會有。去看看的話，可能還會獲得優惠資訊！

MAP route
抵達東京站後，先去「Tokyo City i 東京旅遊服務中心」

位在JR東京站丸之內南口步行即到的商業設施——「KITTE」觀光服務中心。觀光導覽不用多說，還能協助安排住宿、票券等，來這裡諮詢看看吧。在該中心內亦設有咖啡廳，想要休息片刻時非常方便。營業時間為8~20時。

spot
人氣景點要購買指定日期時間入場券

東京晴空塔®（》P.100）只要購買預售票，就能順暢入場。有些景點並無販售當日票券，僅能在LAWSON TICKET網站等處購買入場券，所以要特別注意！

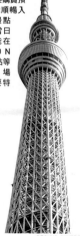

©TOKYO-SKYTREE

燈飾點燈好漂亮！　紅葉也到了最佳觀賞季節！　舉辦煙火大會！　遊覽櫻花名勝……

| 3月 | 2月 | 1月 | 12月 | 11月 | 10月 | 9月 | 8月 | 7月 | 6月 | 5月 | 4月 |

四季花卉

油菜花（濱離宮恩賜庭園）

櫻花（上野恩賜公園、新宿御苑）

油菜花（濱離宮恩賜庭園）

櫻花（上野恩賜公園、新宿御苑）

杜鵑花（根津神社）

都內的紅葉自11月中旬左右起為最佳觀賞時節。神宮外苑的銀杏林蔭道也很常出現在電視上。

彼岸花（小石川後樂園）

銀杏（神宮外苑、新宿御苑）

繡球花（上野恩賜公園、皇居東御苑）

大波斯菊（葛西臨海公園）

睡蓮（新宿御苑）

玫瑰（代代木公園）

蓮花（上野恩賜公園）

玫瑰（舊古河庭園）

花菖蒲（明治神宮）

隱藏在都會中的綠洲——濱離宮恩賜庭園，這裡有約30萬株油菜花，會在2月中旬到3月中旬之間盛開。油菜花田的黃色地毯，其另一側林立著高樓大廈的景色也很有趣。

梅花（濱離宮恩賜庭園）

水仙花（日比谷公園、葛西臨海公園）

上野恩賜公園不忍池的蓮花是夏季的風景代表。一到下午花朵便會閉合，因此建議在中午之前觀賞。

在都內也很有名的櫻花名勝——目黑川，每年都會舉辦櫻花林蔭道的燈飾點燈活動，籠罩目黑川的櫻花隧道會夢幻般地浮現出來。

日出

| 6:12 | 6:41 | 6:51 | 6:32 | 6:02 | 5:35 | 5:13 | 4:49 | 4:29 | 4:27 | 4:50 | 5:28 |

日落

| 17:36 | 17:08 | 16:38 | 16:28 | 16:46 | 17:26 | 18:09 | 18:46 | 19:01 | 18:51 | 18:27 | 18:02 |

氣溫

max | 16.6 | 10.5 | 9.4 | 12.2 | 19.1 | 21.5 | 28.8 | 32.0 | 31.7 | 27.6 | 23.5 | 20.2
min | 6.1 | 1.1 | 1.1 | 3.7 | 10.7 | 13.8 | 21.1 | 24.3 | 24.4 | 19.6 | 14.8 | 11.1
（℃）

| 3月 | 2月 | 1月 | 12月 | 11月 | 10月 | 9月 | 8月 | 7月 | 6月 | 5月 | 4月 |

雖然很少下雪，不過是氣候嚴冷的季節。大樓風切效應的風會很冷，要注意防寒！

氣候舒爽宜人。早晚會有點涼，因此要帶著薄外套。

須注意都市特有的熱島效應現象和柏油路的反射。

雖然白天會變暖，但夜晚還是會有點涼的季節，必須準備較薄的大衣或外套。

季節活動

12月 11月中旬～12月下旬　六本木
六本木中城聖誕節
中旬～下旬　日比谷
東京聖誕節市集

1月 1月2日　皇居
新年一般參賀

2月 下旬　都內各處
東京馬拉松

10月 上旬　池袋
東京Yosakoi
上旬～下旬　六本木
六本木新城萬聖節
中旬　谷根千
根津、千馱木下町祭
下旬　表參道
原宿表參道
Hello萬聖節南瓜大遊行

7月 上旬　淺草、上野
下町七夕祭
中旬～下旬　神樂坂
神樂坂祭

8月 月底　墨田區
隅田川煙火大會
下旬　澀谷
神宮外苑煙火大會

9月 中旬　淺草
淺草森巴嘉年華

4月 上旬　中目黑
中目黑櫻花祭
上旬　上野
上野櫻花祭
上旬～5月上旬　根津
文京杜鵑花祭

5月 上旬～中旬　神田
神田祭
下旬　淺草
三社祭

※日出、日落時刻為東京2022年各月1日的預測資料（國立天文台），平均氣溫為1991～2020年的平均資料（氣象廳）。活動的舉辦時期和內容為2023年1月時的資訊，由於活動會有中止、變更的情況，所以請事先確認。

3天2夜火力全開 盡情暢遊眼下的東京！ *Let's Go!*

東京時下流行 PLAN

東京擁有許多人氣店家。現在最想推薦給大家的景點在這裡！

第1天 | 首先到銀座、表參道，確認流行風向

POINT
在東京要找人氣店家的話，就去銀座和表參道。由於區域間距離近，只需搭一班地鐵，所以能在1天內遊逛。

10：00 🚄 抵達東京站

10：30 在銀座購物

Lunch!

12：30 在銀座吃健康午餐

GINZA SIX ≫P.48

銀座 伊東屋 本店 ≫P.56

館內也像藝術作品一般！

Viennoiserie JEAN FRANÇOIS ≫P.49

IN SOPH.GINZA ≫P.51

健康！

ills 銀座 ≫P.50

擁有女性喜愛的豐富健康菜單之人氣店家就在這裡！

さいの王様 銀座店 ≫P.51

15：00 在表參道拍攝超上鏡好拍的東西！

時髦流行！

icolai Bergmann NOMU ≫P.38

超上鏡好拍的冰淇淋！

ROLL ICE CREAM FACTORY ≫P.23

在販售諸多時尚雜貨的商店，購買喜歡的東西！

oMA Design Store ≫P.47

Dinner!

19：00 移動到東京站，在夜景漂亮的餐廳享用超棒的晚餐

good night!

SOLA SMERALDA ≫P.89

浪漫晚餐

住在市區內的飯店

第3天　遊逛話題店家匯集的 **澀谷、奧澀谷**

POINT
移動前往澀谷，來散步逛逛看個性店家吧。

9：00
在外國風格的咖啡廳吃早餐
分量滿點！

BUY ME STAND 渋谷店 ≫P.78

11：00
在奧澀區域散步！

AMELBACK sandwich & espresso ≫P.24
FATA de Cristiano ≫P.25

14：00
在澀谷Hikarie 購物
購物天堂♪

AYANOKOJI ≫P.109
澀谷Hikarie ≫P.108
©Shibuya Hikarie

🚆 抵達東京站

第2天　前往擁有超人氣的 **淺草、東京晴空塔®！**

POINT
第2天去遊逛東京的王道觀光地——下町區域吧。

9：00
在東京晴空塔城 欣賞絕景＆午餐
外觀也好豪華！

東京晴空塔® ≫P.100
©TOKYO-SKYTREE
空LOUNGE TOP of TREE ≫P.101

14：00
前往淺草寺參拜＆ 在仲見世通散步
到淺草寺參拜
在紅燈籠下喝一杯♪

淺草寺 ≫P.58
入手可愛的和風雜貨！
れん ≫P.61

17：00　Dinner!♪
在Hoppy通逐店酌飲

住在市區內的飯店
芳 ≫P.66

+1天的話

旅遊老手也大滿足的 盡情享受購物行程

POINT
推薦給喜歡購物的人。樂趣多更多！

10：00
在代官山 尋找時尚物品
OHNNY JUMPUP ≫P.131
まわぬ代官山店 ≫P.131

12：00
在中目黑入手 高質感商品！
可愛！

14：00
在表參道購買 天然美妝用品
EAL'S YARD REMEDIES ≫P.113
IGRATORY ≫P.132

16：00
在日本橋探尋 老店名品
一旦開始吃就停不下來！
本橋 芋屋金次郎 ≫P.137
原 ≫P.136

18：00
在銀座的百貨地下 美食街買究極甜點
ENÔTRE ≫P.116

15

↑除了整新各項遊樂設施，還有新的遊樂設施登場

2023年6月16日

WARNER BROS.STUDIO TOUR TOKYO -THE MAKING OF Harry Potter 終於開幕！

亞洲第一座哈利波特的體驗型設施，開設在豐島園舊址。這裡還會展示拍攝電影時實際使用過的服飾和小道具。

↑入口示意圖

豐島園 ▶ MAP 附錄 P.4 A-1
休 未定 ♀練馬区春日町1-1-7 西武豐島線豐島園站西武出口即到 P 821輛（事先預約制）

2023年8月7日

淺草花屋敷 開園170年

淺草花屋敷迎接開園170週年，舉辦了170週年紀念活動。2023年7月20日全新園區正式開幕。一起慶祝特別的週年紀念吧！

淺草 ▶ MAP 附錄 P.17 A-2
☎03-3842-8780 休有設備保養休園
10:00～17:30（視時期、天候而異）♀台東区浅草2-28-1 ¥入園費1200円等 筑波快線淺草站A1出口步行3分 P 無

↑2家品牌的飯店，1300個座位的美食廣場等也在此開幕

2023年3月

東京中城八重洲 盛大開幕！

2022年9月地下1樓13間店鋪已先行開幕的大型複合設施。2023年3月包含1～3樓的商業區域在內盛大開幕。

↑時髦的八重洲象徵

東京 ▶ MAP 附錄 P.7 C-4
☎03-3475-3100（東京中城話務中心）休不定休
10:00～21:00 ♀中央区八重洲2-2-1 JR東京站八重洲南口即到 P 130輛（預定）

2023年4月

表演空間等進駐的
東急歌舞伎町塔誕生！

以「創造所愛」為概念，有電影院、劇場、飯店等進駐的塔。地下城攻略體驗設施「THE TOKYO MATRIX」等娛樂景點也讓人非常期待。

新宿 ▶ MAP 附錄 P.18 A-1
休 未定 ♀新宿区歌舞伎町1-29-1 西武新宿線西武新宿站正面口即到 P 無

©DBox for Mori Building Co.,Ltd.

2023年

新型態的複合設施
麻布台Hills

以「線意環繞、連結人與人之間的『廣場』般的街區——Modern Urban Village」為概念。廣場位在街區中心，周圍的3棟高層塔樓裡會有商業設施、飯店、辦公室、住宅等進駐。

↑約6000㎡綠意富饒的中央廣場（圖片為示意圖）

虎之門、麻布台 ▶ MAP 附錄 P.15 C-3
休 未定 ♀港区虎ノ門5丁目、麻布台1丁目藪六本木3丁目內 未定 P 未定

2023年4月

能盡情享受奢華世界的
東京寶格麗酒店

寶格麗在全球的第8間飯店，於東京開幕。除了客房之外，還有餐廳、BVLGARI SPA、BVLGARI DOLCI 進駐其中。

↑入駐東京中城八重洲的高樓層內

東京站 ▶ MAP 附錄 P.7 C-4
☎03-6262-3333 IN 15:00 OUT 12:00
♀中央区八重洲2-2-1 東京ミッドタウン八重洲40～45F ¥250000円～
東京站八重洲南口即到 P 無

2023年3月

東京晴空街道
5樓全面改裝！

首次實施樓層全面改裝，東庭院5樓重生為「大家的遊樂場 晴空彩樂園」。
▶▶P.101

↑樓層內的主要區域「地球的庭院」是有著大型遊具，並會舉辦體驗型活動，讓孩子們能廣泛遊玩的新業態樂園

©TOKYO-SKYTREETOWN

東京迪士尼度假區的

HOT TOPICS！

一直不斷進化的夢想國度

東京迪士尼度假區

とうきょうディズニーリゾート

2023年迎來40週年的東京迪士尼度假區。2024年東京迪士尼海洋會誕生新園區等，務必關注這個不斷讓造訪人們入迷的夢想國度！

娛樂 ▶MAP 附錄 P.3 D-3

☎0570-00-8632（東京迪士尼度假區服務中心10:00~15:00）
🕐視季節、星期幾而異（需洽詢）
💴一日護照7900円～ 📍千葉県浦安市舞浜1-1 🚃JR舞浜站步行5分
🅿約20000輛（一般車輛平日2500円、週六日、假日3000円）
🌐https://www.tokyodisneyresort.jp/

東京迪士尼度假區40週年

▸2023年4月15日～2024年3月31日

東京迪士尼樂園

東京迪士尼海洋

舉辦週年慶活動「夢想永巡」！

為紀念40週年慶，在東京迪士尼樂園推出日間遊行表演「迪士尼眾彩交融」。奇妙仙子在最前面，迪士尼電影的角色們隨後登場！此外，東京迪士尼樂園的灰姑娘城堡和東京迪士尼海洋的入口等處都會添加特別的裝飾！

★2022年11月11日隆重登場

東京迪士尼海洋

新的夜間娛樂表演「堅信！～夢想之海～」隆重登場！

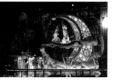

於地中海港灣舉辦的夜間表演秀。闡述彼得潘等迪士尼夥伴們永不放棄、堅信希望的力量，最終實現夢想的歷程。這也是首次嘗試在東京迪士尼海洋觀海景大飯店的牆面上投射影像！

彼得潘的夢幻島

呈現「彼得潘」的世界。在海盜船上漫步、和同伴一起對抗海盜，能享受在夢幻島上的大冒險！

★2024年春天開幕

東京迪士尼海洋

新園區「Fantasy Springs（魔法之泉）」即將開幕！

以「魔法之泉引領的迪士尼魔法世界」為主題的新園區，由以迪士尼電影為題材的「冰雪王國」、「長髮公主之森」、「彼得潘的夢幻島」3個區域，再加上「東京迪士尼海洋——魔法之泉飯店」組成。

★長髮公主之森

歡迎來到「魔髮奇緣」的世界！區域內聳立著長髮公主從小生活的塔樓等建築。

★冰雪王國

以「冰雪奇緣」為主題，能體驗電影落幕後的幸福世界。來造訪恢復暖意的艾倫戴爾王國吧！

◆國內第6座迪士尼飯店「魔法之泉飯店」

在陽光之下，
不斷變化的東京街道。
新的「美好」
持續誕生♪

東京鐵塔
とうきょうタワー
≫ P.106

現在東京
讓人開心的事

Tokyo
makes me
Happy

來看看萬眾粉絲引頸期待的博物館

草間彌生 × 圓點

體驗多采多姿的世界！

最喜歡的草間彌生老師的美術館！一整年隨時都能接觸到草間世界！

"Point"
滿溢鮮明的色彩！

LOCAL's ADVICE

建築中充滿了草間彌生的藝術！

讀者模特兒
Rina Tanaka

1
©YAYOI KUSAMA

3
©YAYOI KUSAMA

2
©YAYOI KUSAMA

1、2、3. 草間彌生美術館裝置藝術景觀。1、2在3樓藝廊，3則在2樓藝廊（作品視展覽而異）

Photo by Kawasumi-Kobayashi Kenji Photograph Office

草間彌生美術館
くさまやよいびじゅつかん

早稻田　▶ MAP 附錄 P.19 C-1

☎ 03-5273-1778　休 週一～三（逢假日則營業）　⏰ 11:00～17:30（最後入場16:30）　¥ 1100円、小學生至高中生600円、學齡前兒童免費　♀ 新宿區弁天町107　地鐵牛込柳町站車口步行6分　P 無

Get a Ticket!

指定日期時間的事先預約、限定人數制（每梯次90分）每月1日10時起販售下下個月的門票。※門票僅於官網販售，美術館館口並無販售，詳情請見官網！
https://yayoikusamamuseum.jp

YAYOI KUSAMA Profile

1929年生於長野縣松本市的前衛藝術家暨小說家。自小經歷幻聽、幻視，因而開始製作以網狀及圓點為主的繪畫作品，現在已確立其前衛藝術家之地位，並於2016年獲頒文化勳章，在世界各地舉辦展覽。

「草間彌生肖像照」Photo by Yusuke Miyazaki© YAYOI KUSAMA

前衛藝術家——草間彌生自己初次打造的美術館，位在新宿區的早稻田，為5層樓的建築，2、3樓為展間，4樓為體驗型裝置藝術，5樓則是有能舒適閱覽資料的空間和屋頂藝廊。館內的天花板設計較高，亦可展示魄力十足的大型作品。入場參觀方式是採指定日期時間的事先預約制度，能悠閒舒適地沉浸在草間彌生的世界裡。美術館預定以1年2次的排程舉辦展覽。來這裡盡情地享受迷人的圓點世界吧！

“Point”

南瓜無限地蔓延開來

6

4.〈納西瑟斯之庭〉1966/2020，草間彌生美術館的裝置藝術風景2020 5.〈花—綻放在午夜〉2010 6.〈南瓜朝無限的遠方呼喚愛〉2017 7.〈對花的癡迷〉（部分）2017/2020，草間彌生美術館的裝置藝術風景2021 8.廁所內也有圓點的設計 9.畫出柔和與曲線的建築

© YAYOI KUSAMA 7

“Point”

面對著作品便能感受到作品的氣息

8

© YAYOI KUSAMA

9

5

© YAYOI KUSAMA（4～7之圖像）

5

Photo Spot

屋頂上也有南瓜！

屋頂上有草間彌生的代名詞——南瓜的立體作品。能欣賞其在日光下變換表情的模樣。

5F Starry Pumpkin（2015）

屋頂藝廊也可拍照攝影。來和作品拍攝紀念照吧！

也來GET伴手禮！

1樓有販售商品的空間，售有手帕、糖果等。

※5F的南瓜並非常設，視展覽而異。
※P20-21頁的作品皆為草間彌生製作

LAITIER

不光是分好看而已，
口味當然也很特別！

'Looks good'

使用全日本頂級鮮乳的
霜淇淋專賣店

Special **2**

讓人會想拍下來的可愛冰淇淋！

美味 × 冰淇淋 × 可愛

實現內心渴望！

女孩必看的可愛冰淇淋。
推薦這樣拍最好看♪

1 馬斯卡邦起司 ¥561

LOCAL's ADVICE

住在都內的攝影師
Aya Oshima

讓人不禁會想拍下來的可愛冰淇淋現正席捲東京！因為可愛所以也屢屢出現在媒體上，受歡迎的程度就算是冬天也會造成排隊人潮。當然在口味上也有諸多講究。使用最高品質鮮乳的霜淇淋，以及以日本國產有機鮮乳製作的濃郁霜淇淋等，在食材上也充滿了店家的堅持。此外、店家時尚的外觀，還有擺設得能拍出美照的店內環境也很吸睛。要小心·不要太過投入拍照而讓冰淇淋融化囉！

LAITIER
レティエ

店家的霜淇淋，是使用榮獲19次農林水產大臣賞的靜岡縣大美伊豆牧場直送的鮮乳製作。在這裡能品嚐到以牛奶和馬斯卡邦起司所製作的霜淇淋為主體，再添加各種配料的菜單。玄米粉法式薄餅等鹹食菜單也很受歡迎。

千馱谷 ▶ **MAP** 附錄 P.20 B-1

☎03-6455-5262 ☎請於店家社群網站確認 ⏱12:00～18:00《週六日·假日為11:00～》 📍渋谷区千駄ヶ谷1-22-7 🚃JR千駄谷站步行5分 🅿無

2 提拉米蘇 ¥874

Seasonal menu

1 藍色的牆壁與看起來像是要滴垂下來的鮮乳為店家的標記 2 風味濃郁的「2層提拉米蘇霜淇淋」 3 2～5月的季節菜單「紅顏草莓霜淇淋」¥1058 4 6月的「玫瑰花束霜淇淋」¥1058 5 布丁與烘焙點心也很受歡迎

※以上價格皆為外帶價

圓圓滾滾
好可愛！

形狀圓滾的可愛霜淇淋

Melting in the mouth
メルティングインザマウス

供應拌入有機鮮乳的醇厚霜淇淋與精緻咖啡的咖啡廳。這裡的霜淇淋特徵是風味單純濃郁，能輕鬆享用。

廣尾 ▶ MAP 附錄 P.19 D-3
☎03-6459-3838
⊗無休 ⏰12:00～21:00（週六日、假日為11:00～） ⚲渋谷区広尾5-17-10 MKビル 1F
🚇地鐵廣尾站2號出口步行4分 🅿無

ORIGINAL
1個 ¥500

1. 形狀圓滾可愛超適合拍照上傳社群　2. 店內的圖像設計非常相襯，亦備有免費Wi-Fi可供使用　3. 吸管、砂糖等陳設的方式也很時尚

在紐約超受歡迎！
捲起來的冰淇淋

ROLL ICE CREAM FACTORY
ロールアイスクリームファクトリー

在此話題店家能吃到在NY很有人氣的捲捲冰淇淋。本是誕生自泰國路邊攤的甜點，現今則在世界上造成大熱潮。冰淇淋捲起來的可愛外觀很受歡迎，自開店起便會造成排隊人潮。

表參道 ▶ MAP 附錄 P.10 B-3
☎03-3470-0227 ⊗無休
⏰10:00～21:00 ⚲渋谷区神宮前4-28-12 🚇地鐵明治神宮前（原宿）站6號出口即到 🅿無

NYC

American Dream
¥842

Strawberry Star Dust
¥842

1. 在基本菜單上能以¥100起的價格追加配料　2. 在-10℃以下的冰鐵板上，把液狀鮮奶油製作成冰淇淋！

" Kawaii "

抹茶海鹽霜淇淋＆檸檬
¥715

棉花糖珍珠抹茶牛奶＆檸檬
¥715

1. 珍珠飲料加上檸檬棉花糖的組合　2. 綜合霜淇淋的口味是鹽味牛奶口味的海鹽霜淇淋，配上以牛奶基底的抹茶霜淇淋　3. 藍＆黃的醒目外觀

拍起來超好看的
新感覺冰淇淋

DECORA CREAMERY
デコラクリーマリー

這家霜淇淋專賣店羅列了色彩繽紛可愛的商品。加上棉花糖的霜淇淋，以及珍珠飲品等滿是新穎的菜單，豐富的口味也備受矚目。

台場 ▶ MAP 附錄 P.21 B-4
☎03-3527-5291 ⊗不定休 ⏰11:00～20:30（週六日、假日為10:00～21:30）
⚲江東区青海1-1-10 Diver City Tokyo Plaza 2F 美食廣內 🚇臨海線東京電訊站步行3分
🅿1400輛

Special **3**

奧澀谷 × 散步

時尚區域的最新地點

「奧」熱潮從這裡開始！

> 品味絕佳的店家散布在這個沉穩閑靜的街區中，充滿大人氛圍的澀谷就在此處

說到澀谷，很多人都會對這裡抱有「熱鬧的年輕人街」的印象吧？在從澀谷站步行約10分的神山町、富谷周圍一帶被通稱為「奧澀」，是會掩蓋這種澀谷形象、充滿大人沉穩氛圍的區域。擁有氛圍令人放鬆、不拘謹的出色店家匯集在這個閑靜的住宅區內，很適合在這裡隨興散步。首先以由2位好友經營的咖啡站為起點，在此飽餐一頓後，就出發吧！代代木公園也離這裡很近，所以也推薦大家外帶咖啡和三明治，到公園體驗野餐的感覺。

---

1 用講究的一道&一杯，簡單地吃個午餐

CAMELBACK sandwich & espresso
キャメルバックサンドウィッチアンドエスプレッソ

這家店有前壽司職人製作的三明治，以及咖啡師沖泡的咖啡。從在地常客到外國遊客，各式各樣的人們絡繹不絕地造訪這裡。

▓ 奧澀谷　MAP 附錄 P.12 B-3
☎ 03-6407-0069　⊟ 無休（此外有不定休）
🕐 9:00～18:00
📍 渋谷区神山町42-2 1F
🚃 地鐵代代木公園站2號出口步行5分
🅿 無

壽司王子塊三明治
¥550

大杯拿鐵
¥600

Lunch

生火腿與青紫蘇葉三明治
¥800

1. 位在奧澀谷正中央　2.2位老闆是有20年交情的好友，他們所製作的咖啡和三明治，口味非常相搭！
3. 無內用空間，僅供外帶

Walk Walk

---

2 在出版社兼書店，入手心動的一本

SHIBUYA PUBLISHING & BOOKSELLERS本店

出版社與店面合一的「出版書店」。編輯部位在店內深處，透過玻璃櫥窗從賣場也能看見。選書貼近日常生活，提供顧客與意想不到的書籍相遇的機會。

▓ 奧澀谷　MAP 附錄 P.12 B-3
☎ 03-5465-0588　⊟ 不定休　🕐 11:00～21:00
📍 渋谷区神山町17-3 テラス神山　🚃 地鐵代代木公園店7號出口步行8分　🅿 無

Shopping

1. 店家位在神山商店街　2. 擺滿工作人員以講究的獨特目光所挑選的書籍　3. 造型特別的書架也很吸睛

The best is yet to come

Take-out

蛋塔（6個裝）
¥1555

1. 用高溫烤箱烤製，烘烤出來的蛋塔派皮相當酥脆，蛋塔餡則是柔順滑嫩　2. 外帶的盒子也好可愛

4　買葡式蛋塔當伴手禮♪

NATA de Cristiano
ナタデクリスチアノ

這裡販售誕生於修道院的葡萄牙傳統甜點——蛋塔。蛋塔的派皮散發著些微的鹽味，加上甜味溫潤的蛋塔餡，兩者絕妙地對味。此外雞肉派、長崎蛋糕等菜單也很受歡迎。

外觀可愛的店門前，還設有長凳

奧澀谷 ▶**MAP** 附錄 P.12 A-3
☎03-6804-9723　**休**無休　**時**10:00～19:30（有可能提早售完）
地渋谷区富ヶ谷1-14-16 スタンフォードコート103
交地鐵代代木公園站1號出口步行3分　**P**無

3　喝杯世界最棒的咖啡休息片刻♪

FUGLEN TOKYO
フグレントウキョウ

《紐約時報》譽稱為「世界最棒的咖啡」——挪威咖啡廳的海外1號店。在風格時尚的店內，能品嘗到講究的咖啡。點飲品的話，便可攜帶外食入內。

奧澀谷 ▶**MAP** 附錄 P.12 A-3
☎03-3481-0884
休無休　**時**7:00～22:00（打烊）、週三～日為～翌1:00（打烊）　**地**渋谷区富ヶ谷1-16-11　**交**地鐵代代木公園站3號出口步行3分　**P**無

坐起來很舒適的沙發座椅。從大面窗戶能望見街道上的景色

Cafe

1. 店內配置著復古經典的家具　2. 將前往農園嚴選出來的咖啡豆，以凸顯咖啡豆個性的淺焙方式提供

OKU SHIBU MAP

小田急線
代々木八幡駅
千代田線
代々木公園駅
代々木公園

井ノ頭通り

代々木公園交番前

NATA de Cristiano　**4**

FUGLEN TOKYO　**3**

井ノ頭通り

CAMELBACK
sandwich & espresso　**1**

SHIBUYA PUBLISHING &
BOOKSELLERS本店　**2**

渋谷駅

N

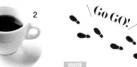

Go GO!

咖啡
¥410～

NATA de
DOÇARIA P

現今讓人在意的
是滿滿「粉紅」的店家

LOCAL's ADVICE

粉紅色 ✕ 景點 在此
度過甜蜜時光 ♥

最喜歡粉紅色
#FR2梅商店店員
代官山蔬果行店員
hikapu

"
不光只有可愛而已，
充滿粉紅魅力的店家令人著迷♡

粉紅色總是能讓人精神振奮。色調稍微不同，整體感覺就會變得奢華、甜美，或是性感，印象能在瞬間轉變，真的很不可思議。最近以這樣的粉紅色作為主色調的店，在東京女孩們之間造成話題。凝聚各種巧思製作的甜點，以及充滿原創氛圍的店家等，出發去找不僅只有可愛的粉紅新魅力吧。

Sweet!

LiQumu
Tokyo Harajuku

為大家提供幸福
甜蜜時刻的地方

利口酒＆霜淇淋
絕妙相搭！

1

咖啡廳 在粉紅色環繞
之下心情也變嗨！

LiQumu 原宿店

色彩繽紛且多達200種以上的利口酒，倒入杯中就好像寶石一樣。爽快地把這些利口酒淋在冰涼霜淇淋上享用的「LiQumuSet」，是非常受歡迎的招牌菜單之一。

「下午茶套餐」￥3980。「LiQumuSet」
附甜點、輕食（需預約） 2：對潮流敏銳
的女孩一定要來，這裡還有舒適的沙發
座位 3：將3種利口酒淋在霜淇淋上的
套餐 4：使用數種粉紅色的空間是以
「愛麗絲夢遊仙境」為主題

4

LiQumu Set
￥1600

3

原宿 **MAP** 附錄 P.10 A-4

2

咖啡廳 在韓風咖啡廳享用下午茶

Salon de Louis 2号店

在充滿非日常感的店裡，除了預約制的下午茶之外，還能享受到三明治、鬆餅等的咖啡廳菜單。1樓和2樓的主題色不同，兩者皆呈現奢華的氣氛。

表參道　**MAP** 附錄 P.11 C-1

☎03-6812-9361　休無休
⏰11:00〜19:00　🚇港区南青
山3-13-15　🚇地鐵表參道站
A4出口即到處3分

> Cute!!

蛋糕是一個個手作的特別甜點（內容視季節而異），需於前日13時以前以專用表格預約　2 也可在盤子上添加藝術字書寫（需另收¥550）1樓座位全是粉紅色。吧檯深處還有內部裝潢可愛的化妝室

下午茶
¥4400

> I Love TEA

茶飲小站 勾起少女心的紅茶專賣店

Tea Stand...7

這家茶飲站，以外帶方式販售採用嚴選茶葉沖泡的紅茶。粉紅色的杯子上有著女孩的插畫，能夠在時尚的氛圍下享用紅茶。除了飲品之外，還有豐富的霜淇淋等甜點菜單。

千馱谷　**MAP** 附錄 P.20 B-1

☎03-6383-3057　休不定休
⏰內用為17:00〜21:00　🚇澀谷区千馱ヶ谷
1-14-3　ライズビリヂ源宿店
🚇地鐵北參道站2號出口即到　P無

皇家奶茶霜淇淋
¥500

每月更換風味的紅茶　2 位在受歡迎的「DAGAYASANDO」區域　3 風味鮮明、人氣屹立不搖的霜淇淋

熱紅茶
¥450〜

咖啡廳 配合季節推出的下午茶令人著迷！

Ginger Garden Aoyama

在這家咖啡廳能享受到各式各樣使用薑製作的菜單。空間基本上走奢華又摩登的氛圍，不過這裡也會因季節或合作活動而環繞著粉紅色的時期，看準時期造訪此處吧！

表參道　**MAP** 附錄 P.11 D-3　GR

☎050-5590-7704　休無休　⏰11:00〜
13:30、16:00〜18:30（需預約的2小時前結束營業）　🚇港区南青山5-10-8　ラ
ンコラ　🚇地鐵表參道站B2出口步行3分
P無

> So PINK!

櫻花季節限定的下午茶，每個季節的下午茶都很受歡迎　2 外觀裝飾得很可愛　3 室內擺設也會配合主題變換！

Ginger Garden

泰迪熊Ginger君的
賞花下午茶
¥5700

Changja&Camembert

陣容種類豐富，
令人大大滿足

Sushi

Ma-Ra-Noodle

Parfait

1

2

3

4

亞洲 × 路邊攤村

潛入新東京！

色彩繽紛的燈籠讓人心花怒放！
在流淌著異國風情的空間中，
度過一段非日常的時光

SANAGI SHINJUKU
サナギしんじゅく

新宿　▶MAP 附錄 P.18 B-2

☎03-5357-7074　⚫不定休
🕚11:00～23:00
📍新宿区新宿3-35-6　🚃JR新宿站
東南口即到　🅿無

LOCAL's ADVICE

負責東京導覽書籍
的撰稿人

Sayuri Kissyo

新宿，各種不同國籍與廣泛
世代族群交錯往來的街區。
在緊鄰車站旁的高架橋下，有凝
聚新宿精華的新路邊攤村。店內
約有200個座位，並分成
「燈籠橫丁」、「新東京
BAR」等六個區域，能夠依
當下的心情選擇要去哪個區域。
多彩鮮明的燈籠所在為主要區
域，由4間美食店家組成，提
供個性豐富的亞洲無國界料理。
宛如在夢中所見、不可思議的空
間中，盡情地吃喝吧！

1. 意外的組合超級對味！「明太魚腸醬
與卡門貝爾起司」¥979　2.「奢華鮭魚
與酪梨長條壽司」¥3289（半條為¥
2068）　3. 真的有夠辣「SHIBIKARA！
麻辣麵」¥1320　4.「芒果聖代」
（左）、「香蕉提拉米蘇聖代」（右），
其他還有「草莓蛋糕聖代」。各¥968
5.「哈密瓜冰淇淋蘇打調酒」¥792

用熱帶原創
飲品乾杯

在情情話中開花，
擁有隱私感的休憩廳

閒話小房間

新東京BAR

5

辛口

tips

留意依每個主題區分的內部裝潢！

店內6個區域各有不同的裝潢擺設，能享受入座區域所帶來不同的氛圍

以多彩多姿的燈籠點綴美食與文化的創意空間

百花繚亂燈籠橫丁

主要區域的標誌為天花板整片都是燈籠。這裡還有4間美食店家，在此能品味路邊攤村的氣氛

沙龍棧敷

展示年輕新銳的藝術家作品！

SANA D 的床鋪

冬天會有暖桌登場！是能任意使用的寬敞空間

SANAGI育成中心

Welcome

脫掉鞋子，進入慵懶放鬆的模式

外觀和口味都滿分◎

LOCAL's ADVICE

住在都內的
設計師

Kana Himi

超好拍 × 甜點

讓人一見傾心♥

66

吃掉好可惜！將外觀時尚的甜點
拍起來分享也是一種新的享受方式

99

近期的話題甜點，當然除了好吃之外，還要再加上會想讓人拍照分享。「超好拍」的外觀果然是不可或缺的要素。在此從中挑選出特別想推薦給大家的4間店。有加入大量水果、宛如藝術品的聖代，還有放在飲料上、外觀令人驚豔的甜甜圈，那麼，要來去拍下哪一款甜點呢？

VERY
CUTE

SHARE!

A 草莓滿滿的草莓聖代
¥2100

B ISHIYA草莓鬆餅
¥1500

2

1. 位在活動空間的大屋頂廣場前　2. 煉乳與酸甜木莓醬的絕妙組合

只要一次就會上癮了喲

1. 在玻璃杯中加入牛奶布丁等　2.「草莓慕斯杯聖代」¥2400　3. 從高田馬場站步行也只要10分左右

3

製作得鬆鬆軟軟的鬆餅！

B ISHIYA NIHONBASHI
イシヤ ニホンバシ

由1947年創業的點心製造商「ISHIYA」所營運的咖啡廳。令人能感受到北海道的聖代和鬆餅很受歡迎。還有販售在北海道自家工廠烤制的點心。

▶ **日本橋** ▶ **MAP** 附錄 P.7 C-1

☎03-6245-4143　休不定休（準同
COREDO室町TERRACE公休日）　⏰
11:00～20:00　♀中央区日本橋室町3-2-
1 COREDO室町 テラス1F　🚇地鐵三越前
站A8出口即到　P290輛

Hello

草莓花朵令人心情雀躍！

A Cafe de Peru
カフェ ド ペル

咖啡廳使用的水果是老闆Peru媽媽直接採購的新鮮水果。備受矚目的菜單是毫不吝惜地使用草莓製作的「草莓滿滿的草莓聖代」。

▶ **早稻田** ▶ **MAP** 附錄 P.4 B-2

☎03-6205-6061　休不定休　⏰13:00～16:00
♀新宿区西早稲田2-16-17 NKビル1F　🚇地鐵
西早稲田站1號出口步行5分　P無

C 硝子寒天 ￥1000〜

Coooool!

1. 果凍散發微微的白葡萄香，風味高雅 2. 除了果凍之外，也推薦這裡的水果銅鑼燒 3. 店家在緊鄰車站的好位置 4.「青果茶」￥734。以焙茶為基底的水果茶

D 覆盆子 ￥450
抹茶奶油起司 ￥480
冰咖啡 ￥500

Break time...

DUMBO

DOUGHNUTS

1. 店家的標記是甜甜圈造型的霓虹燈 2. 一般會有10種口味以上的甜甜圈 3. 店裡還有6個座位的內用空間

咖啡 X 甜甜圈的新風格

D DUMBO Doughnuts and Coffee
ダンドーナツアンドコーヒー

販售重現NY風味的甜甜圈，以及調配得與甜甜圈相搭的咖啡之專賣店。美國尺寸的甜甜圈全部都是店家自製的，甜味溫潤，能一下子就吃完。

麻布十番 ▶ MAP附錄 P.14 B-4
☎03-6435-0176 休無休 ⏰7:00〜21:00（甜甜圈販售為9:00〜）♀港区麻布十番2-17-6 富永ビル1F 地鐵麻布十番站1號出口即到 P無

高級水果與和風技法融合而成的極品美味

C EBISU 青果堂
エビスせいかどう

這家和風水果甜點咖啡廳推出與日本國產水果融合而成的新式和菓子。食材中使用的季節水果嚴選自創業超過90年的老字號水果批發商，有機會在此遇見市場少見的稀有品種。請一定要來這裡享受店家的和風口味與水果。

惠比壽 ▶ MAP附錄 P.19 C-3
☎03-6455-7711 休無休 ⏰11:00〜21:00
♀渋谷区東3-26-4 ✈JR惠比壽站西口即到 P無

1

2

感受里昂之風

連細節都重現的鄉土料理

French

1. 能以全餐的方式享受能實際感受食材美味的料理　2. 推薦的甜點是「里昂名物——果仁糖塔和雪浮島」　3. 1900年代風格的螺旋階梯和錫製的吧檯等，充滿講究的內部裝潢也很吸睛

Lugdunum Bouchon Lyonnais
ルグドゥノムブションリヨネ

里昂出身的主廚——Christophe Paucod所開的餐廳。鄉土料理和葡萄酒等，雖然身在日本，但卻能夠在此盡情享受里昂的美食文化。在這裡能品嚐到徹底發揮食材原味，外觀也很講究的料理。

神樂坂　▶ MAP 附錄 P.19 D-1

☎03-6426-1201　⏱週一、二　🍴12:00～13:00、18:00～20:00　📍新宿区神楽坂4-3-7海老屋ビル1F　🚇地鐵神楽坂站1號出口步行3分　🅿無

感受法國精髓的街區

感受巴黎女孩氛圍

神樂坂 × 小巴黎

讓人有雖然身在日本，但卻誤入巴黎小巷的感覺！神樂坂就像是「東京的巴黎」呢

眾所皆知神樂坂擁有許多時尚咖啡廳和雜貨店。其實這個區域過去曾有法國學校，而在法國有父母會接送小孩上下學的習慣，因此這裡總是聚集了許多法國人。據說尤其是在法國政府的公家機關「東京日法學院」成立之後，神樂坂與法國的關係變得更加緊密了。以巴黎女孩的心情氛圍，來探索一下神樂坂的巴黎吧！

LOCAL's ADVICE

東京日法學院
法語教師

LE CALVÉ Christelle

32

散發法國知性風情
的學術景點

©東京日仏学院

Bonjour

東京日法學院
とうきょうにちふつがくいん

為法國政府公家機關，除了會開設
法語講座之外，其內還設有電影
院、圖書館（多媒體中心）等，是
很受歡迎的推廣法國文化與學問之
場所。

神樂坂　▶ MAP 附錄 P.19 D-2

☎03-5206-2500　休不定休　視設施而異
♀新宿区市谷船河原町15
🚃JR飯田橋站東口步行7分　P無

1. 圖書館內滿是與法國相關的
書籍（週一、二、五為休館
日）　2. 2021年新校舍開幕　3.
在電影院能欣賞法國電影

"*Point*"
會舉辦各種類型的
活動，這也是此處
的魅力之一

1. 其中還有稀有的起司
2. 會告訴客人與料理或
葡萄酒相搭的起司
3.
外觀時尚，會令人不禁
停下腳步，想踏入一探
究竟

Fromagerie
Alpage
フロマージェリーアルパージュ

所有起司皆有販售的專賣
店，還有許多難得一見的起
司，也能依客人所需的分量
切下秤重販售。

神樂坂　▶ MAP 附錄 P.19 D-1

☎03-5225-3315　休不定休
⏰11:00~18:00（週四~六為~
19:00）　♀新宿区神楽坂6-22
🚃地鐵神樂坂站1a出口步行4分
P無

Fromagerie Alpage

起司的專賣店
從經典到罕見
各種起司一應俱全

享用法式料理＋西打酒
度過一段絕佳時光

LE BRETAGNE
神楽坂店
ル・ブルターニュかぐらざかてん

這家日本首間法式薄餅咖啡
廳，提供發祥於法國西北部
布列塔尼半島的法式薄餅。
亦有進口、販售西打酒及特
產品。

神樂坂　▶ MAP 附錄 P.19 D-1

☎03-3235-3001　休無休
⏰11:30~22:00（週六日、假日為
11:00~）　♀新宿区神楽坂4-2
🚃地鐵神樂坂站1號出口步行5分
P無

1. 法式薄餅￥1350
~。最後塗上的鹽
味奶油香氣四溢
2. 美麗的外觀展現
出布列塔尼半島的
風情

C'est bon!

Art Aquarium

感受江戶風情
美麗的金魚祭典

還有以金魚為範本設計的伴手禮！

1

2 館內最大的水槽作品

3

4

盡情享受閃爍輝煌的夜晚！

| 活動 | ✕ | 夢幻 |

想好好享受東京的夜晚！

東京的夜間活動，
能讓人享受到與白天的東京觀光
不一樣的時尚氛圍！

All season 水族館

📍銀座三越

ART AQUARIUM MUSEUM GINZA
アートアクアリウム美術館 ギンザ

在日本橋擁有高度人氣的水族館，搬遷至銀座三越重新開幕。以「百華撩亂～進化的藝術～」為主題，水槽內悠游的金魚之姿與聲光交織呈現的畫面等，夢幻空間展現在眼前。

銀座 **MAP** 附錄 P.8 B-3
☎03-3528-6721 休準同銀座三越公休日 ⏰10:00～19:00
¥2300円（WEB限定入場券） 🚇中央區銀座4-6-16·銀座三越9F 🚉地鐵銀座站A7出口即到 Ⓟ1399輛

1. 多個水槽層層相連，美麗的「金魚瀑布」 2. 從摺紙中獲得靈感的水槽作品「摺紙宴」 3. 也備有諸多與「松崎煎餅」等銀座名店合作聯名推出的伴手禮 4. 每季都會舉辦展覽活動。照片為2022年萬聖節時的展覽

LOCAL's ADVICE

最喜歡夜間活動，住在都內的編輯
Masatomo Togashi

在東京除了有常設展之外，不同季節還會舉辦期間限定的各種夜間活動。晚飯前會想順道一遊的夜間水族館、能看著東京鐵塔夜晚點燈的盛夏夜間泳池、閃耀的光點無盡延伸的冬季夜間燈飾等，有超級多夢幻又有趣的活動。來盡情享受與平常觀光不同，時尚又有趣的東京夜晚吧！

夜間活動有些是期間限定活動，因此重要的是要事先調查好活動的舉辦地點與類型。這裡要推薦的是在晚餐前後，或是白天逛完景點想去的活動。

※活動為預定規劃，是否每年會舉辦或營業尚且未定。請於官網等處確認舉辦或營業的時間排程

在夜間泳池看著東京鐵塔
悠閒地放鬆！

Night pool

1. 泳池裡和池畔都點上夢幻燈光的泳池　2. 眺望著東京鐵塔，悠閒放鬆地度過時光吧

Summer 夜間泳池

good

♀ 東京全日空洲際酒店
Garden Pool
ガーデンプール

在東京全日空洲際酒店的「Garden Pool」能望見東京鐵塔，每年的6月下旬到9月下旬，可以在這裡享受夢幻的夜間泳池。

六本木 ▶ MAP 附錄 P.14 B-1
☎ 03-3505-1111　🕐 活動期間無休　💴 需於官網確認
♀ 港区赤坂1-12-33　🚃 地鐵溜池山王站13號出口即到
🅿 500輛

預定舉辦期間 6月下旬～9月下旬

Winter 燈飾點燈活動

♀ 代代木公園欅樹林蔭道～澀谷公園通
青之洞窟 SHIBUYA
あおのどうくつシブヤ

整條街道裝飾上清一色藍色燈飾的活動。營造出有如洞窟般的拱廊景象。地上還會鋪上反射墊，讓藍色世界也在腳下蔓延開來。

澀谷 ▶ MAP 附錄 P.12 B-2
🕐 17:00～22:00※點燈時間有可能會變更　🚃 JR澀谷站、地鐵明治神宮前〈原宿〉站、代代木公園站即到　🅿 無

2023年尚未預定舉辦期間※照片為2022年時的模樣

清一色夢幻藍色的世界
在眼前瀰漫延續

自澀谷站起，藍色光彩指引的前方，是多麼美麗的世界！

♀ 東京中城
中城聖誕節
ミッドタウン・クリスマス

炒熱聖誕節的中城冬季活動，能看見每年別出心裁的活動呈現方式。

六本木 ▶ MAP 附錄 P.14 A-2
🕐 活動期間無休　🕐 17:00～23:00
♀ 港区赤坂9-7-1 草皮廣場等
🚃 直通地鐵六本木站8號出口　🅿 380輛
🌐 http://www.tokyo-midtown.com/jp/xmas

預定舉辦期間 11月中旬～12月下旬（預定）

欅樹林蔭道上有150棵樹的香檳金LED燈
2022年在有150棵樹的欅樹林蔭道上，裝飾了約90萬顆的香檳金LED燈

燈光裝飾點綴的
表參道街區

♀ 神宮橋十字路口～表參道十字路口
表參道燈飾點燈活動
おもてさんどうイルミネーション

在表參道整個區域內的欅樹林蔭道上，點亮香檳金顏色的燈彩，將表參道點綴得美麗非凡。

表參道 ▶ MAP 附錄 P.10 B-3
🕐 日落～22:00　🚃 JR原宿站、地鐵表參道站、明治神宮前〈原宿〉站即到　🅿 無

預定舉辦期間 11月底～12月25日

金色光彩點綴著街道樹木的燈光裝飾活動（2023年的資訊尚未確定）　※202

「光之散步道」
在燈光裝飾環繞之中

Illumination

MUST SEE, MUST VISIT

The best of Tokyo trip is here!

來到東京的話，首先一定要去這裡。

話題商店匯集的表參道、高級又成熟的街區──銀座、充滿江戶風情的淺草。
東京觀光絕對必去的3個街區，要怎麼逛才好呢？當下最新的遊逛方式就在這裡♪

OMOTE SANDO
表參道

p.46 現代藝術

p.38 時尚咖啡廳

CAROLINE DINER

GINZA
銀座

P.50 健康午餐

P.56 文具

P.64 日式甜點

ASAKUSA
淺草

P.66 Hoppy通

美食、購物全都有！人氣店家匯集的潮流街區

OMOTE SANDO

話題店家林立，東京數一數二的人氣區域——表參道。
從超好拍的時尚咖啡廳到藝術景點，來看看最尖端的區域潮流吧！

花兒環繞的咖啡廳

咖啡廳裡的桌子是尼古拉·伯格曼自己設計、DIY製作出來的。此外，店內的擺設、食器則都採用北歐的設計

Nicolai Bergmann NOMU
ニコライバーグマンノム

花卉藝術家尼古拉·伯格曼所經營的旗艦店，其中設有咖啡廳。在鮮花盛開的空間中，能享受療癒的午茶時光。除了北歐的開放式三明治「Smørrebrød」之外，各種講究的菜單都一定要吃吃看。

表参道 ▶ MAP 附錄 P.11 C-2
☎ 03-5464-0824 休 不定休 ⏰ 10:00～18:30
📍 港区南青山5-7-2 🚇 地鐵表參道站B1出口步行3分 🅿 無

開放式三明治的午餐套餐
¥1980

紅茶（壺）
¥990

在TOKYO競爭最激烈的區域引領話題的店家在這裡

現在一定要去的時尚咖啡廳

首先想要大家去看看的，是能感受到特別氛圍的咖啡廳。在舒適的空間裡，放鬆一下休息片刻吧。

1. 從6種開放式三明治中，挑選2種喜歡的口味搭配飲品的套餐。限定平日11:00～15:00　2. 以茶壺供應丹麥王室的愛用品牌「A.C.Perch's」的紅茶

"Cute Cute"

CAROLINE DINER

2

HAMBURGER

CAROLINE漢堡
¥1350

拍起來超好看的漂浮飲料，有哈密瓜、草莓等，總共7種口味

Welcome to THE CAROLINE DINER

FLOAT

各種漂浮飲料
各¥950

前進50年代的美國，來趟時光之旅！

CAROLINE DINER
キャロラインダイナー

以50年代美國為主題的美式餐館咖啡廳，2位開朗親切的老闆會在此迎接來客。在美式復古風格的店裡，將2個樓層分成能輕鬆使用的1樓，以及能在寧靜氣氛下用餐的地下室。

表參道 ▶ MAP 附錄 P.10 A-1
☎ 03-6721-1960　休 週四
🕐 12:00～17:00※有可能變更
📍 渋谷区神宮前2-14-11 1F
🚇 地鐵明治神宮前〈原宿〉站5號出口步行10分
🅿 無

1. 漢堡中夾入肉汁多多的漢堡肉餅，用美式風格豪邁地大口咬下吧！　2. 地下室的拍貼機有著可愛的標誌♡

能品味西海岸氣氛的咖啡餐館

San Francisco Peaks
サンフランシスコピークス

靜佇於裏原宿深處的獨棟咖啡廳。重現美國西海岸氛圍的裝潢擺設等，店裡有許多講究之處。這裡有種類豐富的漢堡，提供道地的美式餐點，從早到晚都能來此用餐，方便使用這點也非常棒。

表參道 ▶ MAP 附錄 P.10 A-2
☎ 03-5775-5707　休 無休
🕐 11:00～20:00（飲品為～20:30）
📍 渋谷区神宮前3-28-7
🚇 JR原宿站竹下口步行8分
🅿 無

店裡的氛圍雅致又沉靜，擺設著經典復古的物品等

Cool Cool

自家製熱狗
¥1350～

HOTDOG

1

2

1. 附薯條的正宗熱狗。「嗆辣紅椒」和「熱帶芒果與墨西哥辣椒」等口味種類也相當豐富！　2. 配色多彩的沙發座

就算要排隊也想吃！
來自海外的美食&甜點

自許多國家拓展而來的矚目店家很受大家歡迎，有時甚至會造成排隊人潮。從美食到甜點，一起來感受多國旅行的氣氛吧！

Espresso Marti-no
¥700

無酒精的雞尾酒為季節限定

Welcome!

新鮮松露&帕馬森起司寬扁麵
¥2200

松露義大利麵是英國的人氣No.1

義大利培根的番茄培根醬圓粗麵
¥1300

6mm的義大利麵口感彈牙有嚼勁。微辣的味道讓整道料理更添風味

1. 店內氛圍明亮簡潔　2. 外觀為鮮明的開心果綠，亦有露臺座　3.「布拉塔起司義大利餃佐番茄醬」¥1850，使用義大利產的新鮮起司　4.「No Gin Timo」¥850，香草與辛香料交織而成的無酒精飲品　5. 附設的熟食店則有生義大利麵、甜點、熟食等

排隊 Memo

- 人潮擁擠時段
 開店時～咖啡時間
- 建議前往時段
 傍晚～夜間
- 預約
 可（僅限至到店預約）

3

4

5

※菜單每季變動，刊載之部分商品會有因時節而未供應之情況

徹底講究的
正宗生義大利麵

LINA STORES表参道　England
リナストアズおもてさんどう

創於倫敦蘇活區的義大利熟食店&餐廳，首次在海外展店。為了呈現與英國相同的風味，這間分店是也設有義大利麵工房的正式店面，提供店家自豪的生義大利麵、前菜、甜點等。

表参道 **MAP** 附錄 P.11 C-2

☎03-6427-3758　休無休　⏰11:00～22:00（飲食為～22:30）　♀港区北青山3-10-5スプリングテラス表参道1F
🍴地鐵表參道站B2出口即到　🅿無

風味奢華的龍蝦堡

LUKE'S LOBSTER 表参道店
ルークスロブスターおもてさんどうてん

America

這家龍蝦堡專賣店，使用大量緬因州等地產的龍蝦製作。其他還有鮮蝦堡和蟹肉堡，也可以點兩種口味各半。

表参道 ▶ MAP 附錄 P.10 B-3
☎03-5778-3747 **休**不定休 **⌚**11:00～20:00 **♀**渋谷区神宮前5-25-4 1F **┇**地鐵明治神宮前〈原宿〉站7號出口步行3分 **P**無

排隊Memo
▪ 人潮擁擠時段
開店時～15時左右
▪ 建議前往時段
平日18時左右～打烊
▪ 預約
不可

LOBSTER ROLL
¥2530
僅使用龍蝦螯爪肉，LOBSTER ROLL Light 為¥1620

1. 店外有長凳區，能夠當場享用現做的食物

LOBSTER ROLL

排隊Memo
▪ 人潮擁擠時段
開店時～14時左右
▪ 建議前往時段
16～18時左右
▪ 預約
不可

Shack漢堡
單層 ¥924
雙層 ¥1287

漢堡肉使用100%無施打荷爾蒙的安格斯牛肉製作

HAMBURGER

1. 面向銀杏林蔭道的露臺座位很受歡迎

NY超受歡迎的漢堡餐廳

Shake Shack 外苑いちょう並木店
シェイクシャックがいえんいちょうなみきてん

Amer

紐約客愛去的漢堡餐廳。除了有對食材講究、能安心享用的漢堡，還有豐富的配菜和店鋪限定菜色。

表参道 ▶ MAP 附錄 P.4 B-3
☎03-6455-5409 **休**不定休
⌚11:00～22:00〈打烊〉※有可能變更 **♀**港区北青山2-1-15 **┇**地鐵外苑前站4a出口步行5分 **P**無

藝術般的外觀
與味道令人感動

bubó BARCELONA
表参道本店
Spain

プボバルセロナ
おもてさんどうほんてん

以纖細的風味和美麗的包裝設計吸引大眾目光，來自巴塞隆納的法式甜點店。店內陳列著活用食材原本美味的豐富商品。

表参道 ▶ MAP 附錄 P.10 B-3
☎03-6427-3039 **休**週二（逢假日則營業）**⌚**12:00～20:00（週六日、假日為11:00～、咖啡廳為～19:30）**♀**渋谷区神宮前5-6-5 Path表参道B棟 **┇**地鐵表参道站A1出口步行3分 **P**無

柔滑的香草蛋糕盤
¥1760
能挑選喜歡的蛋糕、馬卡龍、巧克力甜點組成套餐，相當實惠的甜點盤

排隊Memo
▪ 人潮擁擠時段
14～16時左右
▪ 建議前往時段
上午、打烊前
▪ 預約
可
（僅接受電話預約）

1. 1樓陳列著外帶商品 2. 能享受到熱帶爽口風味的「翡翠」¥990

早餐也很推薦！

全天營業的咖啡廳，以擁有寬敞的露臺座位自豪

MODERN

LUNCH MENU

crisscross
クリスクロス

從早到晚，能一整天都來此享用餐點的全天營業咖啡廳。露臺座位設置得像是被大樹包圍一樣，宛如處在公園般的氛圍。一旁則是還有同集團的烘焙麵包店。

表參道　▶ MAP 附錄 P.11 C-2
☎03-6434-1266　休 無休　⏰8:00～21:00
📍港区南青山5-7-28　🚇地鐵表參道站B3出口即到　🅿 無

1.「奶油鮮乳鬆餅佐香腸、煎蛋」¥1480
2. 還有屋簷下的露臺空間　3. 入口處的腳踏車是裡面附設的烘焙麵包店招牌　4. 舒適的露臺座位也會有小鳥飛來玩耍　5.「巧克力蛋糕與新鮮水果」¥850

在露臺咖啡廳度過午餐時光

感受涼爽微風♪

午餐時間就去擁有露臺座位的咖啡廳。從都會的喧囂抽離一步，在寬敞明亮的氣氛下悠閒地享受午餐吧。

總匯三明治　　　　¥1850
套餐飲品（僅平日）　¥320～

附設的烘焙麵包店所烘焙的麵包，夾入燻雞、火腿、酪梨、萵苣等大量食材的一道，分量滿分讓人大大滿足

甜點 Dessert

5

薰間撒落賞心悅目的陽光　象徵表參道的咖啡廳

花朵與綠意環繞的　洋館花園露臺

\COMFORTABLE/

\ELEGANT/

CAFE & DINING ZelkovA
カフェ&ダイニング ゼルコヴァ

延續自表參道欅樹林蔭道的入口接待處，以及感覺貼近綠意的露臺座位等，在充滿表參道風格的空間，享受國際美食。

表參道　▶ MAP 附錄 P.11 C-2

☎ 03-5778-4566　休 無休　🕐 11:30〜22:00　♀ 港区北青山3-6-8　🚇 直通地鐵表參道站B5出口　🅿 無

表参道bamboo
おもてさんどうバンブー

能在綠意盎然的花園露臺或氛圍沉靜的店內，優雅用餐的餐廳。用購自拿坡里的柴火窯所窯烤的披薩等，提供道地的義大利料理。

表參道　▶ MAP 附錄 P.10 B-3　Ⓒ Ⓡ

☎ 03-3407-8427　休 無休　🕐 11:00〜20:30　♀ 渋谷区神宮前5-8-8　🚇 地鐵表參道站A1出口步行3分　🅿 無

LUNCH MENU

PROTEIN BOWL
（附沙拉、飲品）¥3000
（週六日、假日為附沙拉¥3200）

沙朗牛排、多穀米什錦飯等讓人更健康的菜單！

1. 提供下午茶的休憩廳空間　2. 綠意盎然的露臺座位　3.「驚喜蛋糕」¥2780讓氣氛高漲

Dessert 甜點

LUNCH MENU

瑪格麗特披薩　　　　　　¥1870
西班牙點心小菜（7種）　¥1320
檸檬汁　　　　　　　　　　¥779

把每日不同的西班牙小菜盛得美美的前菜，以及用柴火窯烤製的披薩，是特別受歡迎的菜單

1. 外觀有植物環繞　2. 陽光透過樹木灑落，美麗的露臺座位　3.「草莓慕斯水果蛋糕」¥2200，最適合特別的日子

Dessert 甜點

能遇見專屬自己的最愛
在選貨店尋找「出色」商品

在此為大家介紹原創商品充滿魅力的4間店家。店家以其獨有的出眾品味所精選出的商品，應能成為一生的寶物。

A

薩菲 沙拉碗 迷你
各¥1980
製作於摩洛哥沿海城市——薩菲，而陶器的特徵是純手繪的細緻圖案

B

Lemnos 掛鐘
¥13200

適合任何空間的鐘擺式掛鐘。數字6會擺動

A

微笑刺繡 柏柏手工鞋
白＋黃
¥5500

踩後跟穿的摩洛哥皮製拖鞋，上面有很受歡迎的微笑圖案

B

+S 手帕
各¥1430

將世界各國設計師的作品，透過織染職人之手製作出來的原創手帕

A

皮繩＆皮革包邊草編包
綠色 LL
¥13200

草編籃配上綠色皮革，外型漂亮的草編包。有4種顏色及3種尺寸，為數量限定商品

能長久使用的 簡單生活雜貨
B

Spiral Market
スパイラルマーケット

以「生活與藝術融合」為主題，推出為生活帶來喜悅的生活雜貨，亦備有許多當成禮物會讓收禮者開心的雜貨，用散步的心情在店裡頭逛逛也很令人愉悅。

表參道 ▶ **MAP** 附錄 P.11 C-2
☎03-3498-5792 ㊡ 無休
⏰11:00～19:00 ♀港区南青山5-6-23 スパイラル2F ♿地鐵表參道站B1出口即到 🅿57輛

位在面向青山通的大樓「SPIRAL」2樓

於當地採購 可愛又有魅力的雜貨
A

Fatima Morocco
ファティマモロッコ

這裡匯集了來自獨特傳統工藝品之寶庫——摩洛哥的雜貨。原創的柏柏手工鞋與草編包是由當地職人們手作而成的。此外，店裡擺滿了地毯、家飾雜貨等各種商品。

表參道 ▶ **MAP** 附錄 P.11 C-1
☎03-6804-6717 ㊡ 不定休
⏰11:00～18:00 ♀港区南青山3-9-12 佐藤ビル2F ♿地鐵表參道站A4出口步行8分 🅿無

位於南青山，氣氛隱密的店家

#1LDK AOYAMA

店裡陳設以飯店為形象，呈現優雅別緻的成熟氛圍

#galerie doux dimanche

店裡可愛的雜貨擺得滿滿的，還有好多動物圖案商品！

#Spiral Market

多達約6萬件商品，依其類別陳列

#Fatima Morocco

店內陳列了好多可愛的柏柏手工鞋！

C
Nathalie Lete
兔子托盤
¥6050

兔子圖案令人印象深刻的樺木托盤。直徑31cm，大小剛好的尺寸

C
Tsé&Tsé associées
4月花器 S
¥26400

以幾根試管作成的花器，能自由地移動試管，因此可以變換出想要的形狀

CUTE

D
MY Socks
¥3080

材質厚實且伸縮性佳，不緊繃，穿起來沒有壓迫感的襪子

D
UNIVERSAL PRODUCTS.
NEWS BAG
¥14300

材質使用塗層防潑水加工且耐磨損的CORDURA LIGHT OXFORD

C
Marie Assénat
HARIKOSHIKA
招財貓（巴黎喵）
¥5500

活用傳統張子工藝的中空構造，作得像是俄羅斯娃娃般的造型，相當獨特

©Hisashi TOKUYOSHI

尋找高級物品 推開通往非日常之門
D

1LDK AOYAMA
ワンエルディーケーアオヤマ

「1LDK AOYAMA」於2022年2月搬遷至表參道區域重新開幕，以「日常中的非日常」為主題，推出生活新準則，並以無性別區分的角度出發。

表參道 ▶ **MAP** 附錄 P.11 C-3
☎03-5778-3552 休無休
⌚13:00～19:00（週六日、假日為12:00～） ♀渋谷区神宮前5-47-11青山学院アスタジオ1F ♥地鐵表参道站B2出口步行4分 P無

時髦的選貨店

只有在這裡才能 遇見的珍貴雜貨們
C

galerie doux dimanche
ギャラリードゥーディマンシュ

販售以法國為主的海外創作者所製作的雜貨。時尚的店裡令人宛如身在巴黎街角，還會舉辦日本國內外藝術家的展覽。

位在表參道的小巷裡，外觀迷人，讓人不禁就想進入瞧瞧

表參道 ▶
MAP 附錄 P.10 B-2
☎03-3408-5120 休週一 ⌚12:00～18:00 ♀渋谷区神宮前3-5-6 ♥地鐵表参道站A2出口步行8分 休無

1. 庭院裡也展示著具有個性的雕刻作品 2. 感受到視線，從庭院抬頭往上看會……？ 3. 館內有等身大的岡本太郎雕像！ 4.「Miniature 狗狗花盆」¥5500 5.「Miniature 太陽之塔」¥2400 6. 位在住宅區內

藝術家的氣息 感受天才

作品造型的商品也很受歡迎

4　　5　　6

岡本太郎紀念館
おかもとたろうきねんかん

將以「太陽之塔」等作品為人熟知的岡本太郎之工作室兼住所、庭院，以當時原來的樣貌開放參觀的紀念館，在這裡可以實際感受到天才藝術家的爆發力。除了常設展覽之外，每3～4個月還會舉辦不同內容的企劃展。

表參道 ▶ MAP 附錄 P.11 D-2
☎03-3406-0801 休週二（逢假日則開館）⏰10:00～17:30
¥650円、小學生300円 📍港区南青山6-1-19 🚇地鐵表參道站A5出口步行8分 🅿無

以大人成熟之心Let's 藝術散步♪
Watch現代藝術！

表參道的步行範圍內匯集諸多藝術景點。稍微伸展一下，出門來趟藝術散步吧！

WALK 5 MINUTES

WALK 5 MINUTES

在這裡稍作休息！

WALK 25 MINUTES

DELICIOUS!

度過放鬆休息的時光

在隱密的咖啡廳

A to Z cafe
エートゥーゼットカフェ

推薦大家在藝術鑑賞的空檔，到這間咖啡廳午餐或稍作休息。頂樓露臺視野絕佳。夜景也很美，適合在這裡吃晚餐。

表參道 MAP 附錄 P.11 D-2
☎03-5464-0281 休無休
⏰11:30～24:00（週五為～24:00、週六為11:00～21:00、週日、假日為11:00～ 📍港区南青山5-8-3 equbo³ 5F 🚇地鐵表參道站B3出口步行5分 🅿無

1.「A to Z DELI LUNCH」¥1300～，能挑選主菜再配上4道配菜，還有附飲品，令人大大滿足的午餐 2. 位在大樓5樓，能欣賞青山的夜景 3. 在生日等紀念日，還能訂製綜合甜點拼盤（需預約）

獨特企劃展很受歡迎的
私人美術館

WATARI-UM美術館
ワタリウムびじゅつかん

WALK
12
MINUTES

以日本國內外現代藝術為主，舉辦強而有力的企劃性展覽。為使觀者更加享受展覽，還會舉辦各式各樣的活動。

表參道 ▶ MAP 附錄 P.10 B-1
☎03-3402-3001 休週一（逢假日則開館） ⏰11：00～19：00（閉館） 💴視展覽而異
📍渋谷区神宮前3-7-6 🚇地鐵外苑前站3號出口步行8分 🅿無

推廣現代藝術的魅力

1. 一整年都會舉辦各種豐富的企劃展 2. 高5層樓的建築，是建築師瑪利歐·波塔的「建築雕刻」

還有商店＆咖啡廳！

ON SUNDAYS
オン・サンデーズ

商店在1樓，地下1樓則有「Cafe 腸內芸術」、藝廊「LightSeed Gallery」和販賣美術書籍的書店。
☎03-3470-1424
休無休 ⏰11：00～20：00

1. 配色細緻漂亮的「原創印度信封信紙組」各￥432 2.「ON SUNDAYS＋貝瑞·麥吉：牛奶玻璃馬克杯」￥5500

匯集個性豐富的好設計

1. 店裡的商品陳列展示得有如美術館一般 2.「NY 洋基棒球帽 海軍藍 MoMA Edition」￥6050 3.「草間彌生：Object PUMPKIN 黃色」￥24200

也來看看藝術商品！

MoMA Design Store
モマデザインストア

MoMA（紐約現代藝術博物館）於海外展店的1號店。陳列著象徵博物館藏品的陣容，以及設計出色的商品。

表參道 ▶ MAP 附錄 P.10 B-3
☎03-5468-5801 休無休 ⏰11：00～20：00 📍渋谷区神宮前5-10-1 GYRE3F 🚇地鐵明治神宮前〈原宿〉站4號出口即到 🅿26輛

WALK 10 MINUTES

DESIGN FESTA GALLERY 原宿
デザインフェスタギャラリーはらじゅく

擁有76個展示空間，展出各種類型的藝術家作品。或許能在此與世界唯一的原創作品等，至今未有的藝術相遇。

表參道 ▶ MAP 附錄 P.10 A-3
☎03-3479-1442 休無休
⏰11：00～20：00 📍渋谷区神宮前3-20-18 1-3F（WEST館）、3-20-2 1-3F（EAST館） 💴免費 🚇地鐵明治神宮前〈原宿〉站5號出口步行5分 🅿無

打破常識
獨一無二的藝廊

熱門作品齊聚一堂

1. 展現獨特新奇設計的WEST館 2. 所有的人都能參展，因而能在此遇見許多豐富的藝術呈現方式和參展者各有千秋的才華，相當有趣 3. EAST館的外觀

提升並延續傳統的大人街區

▼銀座 GINZA

精品旗艦店、老字號名店等,高級物品匯集的銀座區域。
在最新景點購物、欣賞歌舞伎表演等,享樂方式無限大!

簡直就是美術館!
在藝術空間裡購物

GINZA SIX
ギンザシックス

位於銀座6丁目,以身為區域內規模最大的複合商業設施自豪,在設計簡約的建築裡,國內外有名的品牌、餐廳和咖啡廳齊聚一堂。以「擁有6顆星價值的設施」為目標而誕生的這座設施,還有許多只有這裡才能見到的貴重店家。

銀座 ▶ MAP 附錄 P.8 B-3
☎03-6891-3390 休不定休 ⏰商品銷售、服務10:30~20:30(餐廳、咖啡廳11:00~23:00)※部分店鋪不同 📍中央区銀座6-10-1 🚇地鐵銀座站A3出口即到 🅿423輛

1. 由TeamLab製作,以瀑布為主題,震撼力十足的作品 2. 還有使用真的植物所創作的藝術品 3. 大卷伸嗣〈Echos Infinity-Immortal Flowers-〉2017 4. 船井美佐〈樂園/邊界/肖像畫〉2017年 5. 大樓有13層樓高,而大樓的基本設計與外觀,是由世界知名的建築師谷口吉生所設計的

區域內規模最大的潮流SPOT
已經去過了嗎? GINZA SIX

在這座開幕後也總是引領話題的複合商業設施裡,集結了多達240間的商店。還請多留意瞧瞧裝飾在館內的藝術作品。

2

1

展示日本國內外藝術家之作品

LOOK!
LOOK!

3

代表銀座的地標之一

5

4

4F 盡情享受高級雅致的日本茶
中村藤吉銀座店 **E F**
なかむらとうきちぎんざてん

1854年創業於京都宇治的老字號茶商。在咖啡廳，能夠享受到使用抹茶製作的絕品甜點。（茶葉販售為～20:30。）

☎03-6264-5168　🕐10:30～19:45

E客席座位上皆配有茶壺與茶杯，能喝到店家為客人準備的溫茶　**F**銀座店限定的「特製MARUTO聖代」￥2500，全都是抹茶

4F 有許多想送給珍視之人的禮品
CIBONE CASE **C D**
シボネケース

這間店是從生活型態商店「CIBONE」獨立出來。販售以自由視角挑選出的高質感商品。

☎03-5537-3101　🕐10:30～20:30

C孕育出優質且能長久使用的照明燈光——「Ambientec」￥19800～　**D**推出不拘一格、擁有獨特魅力的商品

4F 宮內廳愛用的漆器專賣店
漆器 山田平安堂 **A B**
しっきやまだへいあんどう

創業約100年的老店，推出適合現代生活型態的新漆器，亦有用餐器皿以外的豐富商品。

☎03-6263-9900　🕐10:30～20:30

A氛圍時髦的店鋪　**B**漆器「Bonbonnière」各￥5500。尺寸小巧的容器，最適合用來盛放點心等

B2 散發幸福香氣的 法式維也納甜酥麵包
Viennoiserie JEAN FRANÇOIS **J K**
ヴィエノワズリージャンフランソワ

內設工房的烘焙麵包店，承襲榮獲法國最佳工藝師獎的尚馮索之技術與精神。

☎03-5537-5520　🕐10:30～20:30

J以點心麵包為主，品項齊全　**K**「W起司蛋糕丹麥」￥421，使用北海道產與法國產2種奶油起司製作

B2 口感Q彈的極上蕨餅
GINZA 芭蕉堂 **I**
ギンザばしょうどう

創業於1868年的老字號蕨餅專賣店。使用銅鍋直火炊煮製作出的蕨餅，Q彈軟嫩，擁有恰到好處的嚼勁。

☎03-5828-3050　🕐10:30～20:30

I「蕨餅饅頭」4個裝￥1000，可從紅豆沙、紅豆粒、白豆沙、牛奶、抹茶等內餡口味中挑選喜歡的裝盛入盒

6F 在義大利街角購物的氛圍♪
EATALY銀座店 **G H**
イータリーぎんざてん

以義大利飲食文化為主題的義大利餐廳&超市，在超市能買到約1500種採購自義大利的食材。

☎03-6280-6581（超市）　🕐10:30～22:30

G可僅購買所需的分量。「生火腿、起司秤重販售」50g￥357～　**H**還陳列著許多平日本少有的罕見商品

酪梨吐司佐
新鮮香菜與萊姆
¥1650

能讓人補充能量
健康的一盤！

蘋果和克非爾優格的
水果穀麥，佐糖煮草莓
與羅勒
¥1500

Full Aussie Breakfast
含炒蛋、吐司、培根、茴香香
腸、烤番茄、蒜香蘑菇
¥2700

1

bills 銀座
ビルズぎんざ

由來自雪梨的「bills」所推出最新的全日
餐廳。不只在世界上備受喜愛的瑞可塔
起司鬆餅和炒蛋而已，這裡從早餐到晚
餐，都有豐富的新鮮輕盈菜單。

銀座 ▶ **MAP** 附錄 P.9 C-3
☎03-5524-1900 休不定休
🕐8:30～22:00（飲品為～22:30）
📍中央区銀座2-6-12 Okura House12F
🚇地鐵銀座一丁目站8號出口即到
🅿28輛（Okura House停車場）

◀ 這個菜單也要check！ ▶

口感輕盈
又鬆軟～

3

bills 銀座限定的
下午茶
銀座店限定的下午茶套
餐裡匯集了bills的代表
菜單。「bills High
Tea Set」¥8800（2
人以上起餐，12～19
時限定）。

ⒸAnson Smart

身體與心靈皆大歡喜
令女孩欣喜的健康午餐

在東京首屈一指的美食街區──銀座有許多名店，
能品嚐到不僅美味，還對身體有益的料理

2

4

1. 滿滿活用新鮮食材風味的健康意識菜單　2.
「炒蛋＆吐司─放牧蛋」¥1850　3.「瑞可塔起
司鬆餅─新鮮香蕉、蜂巢奶油」¥2300　4. 店裡
有大理石製作的吧檯

雙層便當盒中有滿滿的素食食材

福祿壽
BENTO
¥3470（週六日、假日為¥3800）

3

竟然還有這樣的便當～！

1. 4樓為可舒適放鬆的和室，3～6人可租借包場　2. 時髦的店裡氛圍乾淨清爽　3. 午餐限定的「福祿壽BENTO」有3樣主菜和沙拉，並附有無農藥玄米和湯品　4. 在1樓的外帶商店，售有素的提拉米蘇、布丁等

有4層樓的店鋪

4

AIN SOPH.GINZA
アインソフギンザ

不使用肉、魚、蛋、乳製品等，提供顧客大量使用來自全日本各地的有機無農藥蔬菜和大豆等製作的素食料理。外觀漂亮、有益健康的「BENTO（便當）」營養超均衡。鬆鬆軟軟的素鬆餅也大受好評。

銀座　▶ MAP 附錄 P.8 B-4　Ⓡ

☎03-6228-4241　✕不定休　🕐11:30～20:00（晚餐時間是否營業可能會視星期幾而異）　◎中央区銀座4-12-1　とりやまビル1F　🚇地鐵東銀座站3號出口即到　🅿無

1

油封雞佐薑末洋蔥醬
¥1000
飯、湯、10種綜合蔬菜沙拉，皆可續點

能盡情享用豐富又新鮮的蔬菜

2

やさいの王様 銀座店
やさいのおうさまぎんざてん

以全餐等方式提供新鮮蔬菜料理的店家。作為在附近上班的銀座OL常來光顧的午餐地點也相當有名。當季食材就不用多說，這裡還有其他地方不太看得到的罕見蔬菜。

銀座　▶ MAP 附錄 P.8 A-3

☎03-3571-9881　✕無休
🕐11:30～14:00、17:30～21:00　◎中央区銀座8-10-17 銀座サザンビル7F　🚇地鐵銀座站A4出口步行5分
🅿無

採摘品嚐健康料理

1. 店內採嵌入式簡燈照明，氣氛沉靜。共有51個座位　2. 令人欣喜的是蔬菜沙拉可免費續點2次，除了午餐之外，晚餐還能以全餐的方式享用蔬菜料理　3. 亦有半包廂和下嵌式座位包廂

3

+One 銀座名店

1. 能從10種以上的菜單中挑選前菜和義大利麵的「午餐 A全餐」¥2200　2. 以美食家們會去的、日本最難預約到的餐廳而聞名

1

LA BETTOLA da Ochiai
ラベットラダオチアイ

於2023年迎來開業26週年，由引領日本義大利料理界的落合務主廚所開的餐廳。在這裡能輕鬆地品嚐到承襲正宗的傳統料理。

銀座　▶ MAP 附錄 P.9 C-4　Ⓡ

☎03-3567-5656　✕週日、一　🕐11:30～14:00、18:00～21:00（打烊），週五六、假日的晚餐為18:00～22:30（打烊）
◎中央区銀座1-21-2　🚇地鐵銀座一丁目站11號出口步行5分　🅿無

此处应为GINZA标题

讓人心動雀躍的SWEETS咖啡廳

香〜甜〜幸福的滋味在口中蔓延開來

令人讚嘆「真不愧是銀座」，外觀與風味都堪稱一流。
在銀座散步的途中，品嚐讓人身心滿足的甜點。

用酒糟當作容器的抹茶甜點

以日本庭園為形象

咖啡廳空間裡配置了沙發座和桌椅座，共40個座位。咖啡廳一旁亦設有商店

SALON GINZA SABOU
サロンギンザサボウ

推出嶄新日本飲食風格的日式咖啡廳，除了有使用夢幻之米「雪花尊」製作的飯糰之外，還有非常多獨特的菜單。以「茶房聖代」為首，甜點種類也十分豐富，與奈良的茶園「TEA FARM INOKURA」的茶也很相搭。

銀座 ▶ **MAP** 附錄 P.8 B-2
☎03-6264-5320 ☒無休 🕚11:00〜21:00
📍中央区銀座5-2-1 東急プラザ銀座B2
🚇地鐵銀座站C2、C3出口即到 🅿176輛

茶房聖代
¥1900

和栗×安納地瓜

1. 敲開撒上抹茶的白巧克力片，裡面有抹茶慕斯和蕨餅等　2. 和栗與安納地瓜的溫和香甜滋味，「和栗烤金團（附茶）」¥1000

1

草莓三明治
¥1850

能直接展現草莓美味的一道

聖代也好可愛♡

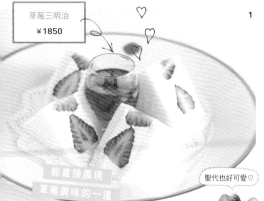

1

2

恍如穿越到了日本文明開化的時代，氛圍復古摩登，環境舒適的沙龍

資生堂 PARLOUR 銀座本店
SALON DE CAFÉ
しせいどうパーラーぎんざほんてんサロンドカフェ

資生堂於明治時代製造並販售汽水，以及當時罕見的冰淇淋，並且在日本首次推展「汽水機」。在紅色牆壁給人深刻印象的空間中，能品嚐到講究的甜點等，每月更換口味的聖代也很受歡迎。

銀座 ▶ **MAP** 附錄 P.8 A-2
☎03-5537-6231※不可預約 ☒週一（逢假日則營業）🕚11:00〜20:30（週日、假日為〜19:30）
📍中央区銀座8-8-3 東京銀座資生堂ビル3F 🚇地鐵銀座站A2出口步行7分 🅿無

1. 使用日本國產草莓製作，加入大量鮮奶油的三明治，附有糖煮草莓　2. 傳統香草冰淇淋再奢華地加上當季草莓的「草莓聖代」¥2200 ※所有費用皆有可能變更

草莓塔
1片¥1026～

為水果超多的塔點而來的顧客
造成連日擁擠的狀況

4

4. 裝飾上6種莓果的「紅色水果塔」1片¥864～
5. 隨著四季更換水果的「季節水果塔」1片¥928～

水果滿滿

季節推薦

5

Qu'il fait bon
GRAND MAISON GINZA
キルフェボングランメゾンぎんざ

這間位於法式甜點店的地下樓層、非常受歡迎的咖啡廳，販售約20種水果塔。為了將食材風味發揮到極限，靈活地運用塔皮與奶油餡，並變換水果的排列方式，十分講究的樣子。

`銀座` ▶ MAP 附錄 P.9 C-2
☎03-5159-0605 ⏰無休 ⏱11:00～18:30、1樓的商店為11:00～20:00 ◎中央区銀座2-5-4 ファサード銀座B1-1F
🚇地鐵銀座一丁目站6號出口即到 Ｐ無

店裡令人彷彿身在南法的「草莓塔」1片

宅邸，感覺非常舒適3.如果是一群人一同造訪，或許點上一個完整的塔點也很不錯

1樓商店之上的2、3樓為咖啡廳。店內的裝潢擺設一致簡單又摩登

風味濃郁的巧克力聖代

擁有強烈可可威

大量使用原創調溫巧克力的巧克力冰淇淋、巧克力醬、鮮奶油，再配上香草冰淇淋的聖代

巧克力聖代
¥1980

覆盆子酸味鮮明的「香草閃電泡芙」¥810（外帶）

閃電泡芙也很受歡迎

PIERRE MARCOLINI
銀座本店
ピエールマルコリーニぎんざほんてん

受到比利時王室喜愛的巧克力專賣店。這裡的巧克力使用皮耶·瑪歌尼尼自己直接前往可可豆農園挑選出的可可豆製作，在口中化開的細膩口感令人無法招架。除了經典口味之外，隨季節更換口味的聖代也堪稱絕品。

`銀座` ▶ MAP 附錄 P.8 B-2
☎03-5537-0015 ⏰無休 ⏱11:00～19:30（週日、假日為～18:30）◎中央区銀座5-5-8 🚇地鐵銀座站B3出口即到
Ｐ無

© 松竹株式会社

武藏坊弁慶
為了保護君主、隨機應變、竭盡全力掃除富樫的懷疑

源義經
被兄長源賴朝追殺，喬裝成挑工逃亡

劇目在此

勸進帳 かんじんちょう
描述源義經與其家臣——武藏坊弁慶對上欲捉捕他們2人的關卡守將——富樫時的攻防應對，為歌舞伎的人氣代表劇目。

富樫左衛門
加賀國安宅關卡的守將，察覺喬裝的義經一行人在此，想要捉捕他們

初次觀賞的話推薦「一幕見席」

tips

一幕見席是僅能欣賞舞台1場劇目，就算是初次觀賞也能輕鬆使用，相當方便。雖然是4樓座位，離舞台稍遠，不過票價約落在￥500～2000，價錢合理實惠。僅販售當日票。

進入深奧的傳統藝能世界
初次鑑賞歌舞伎

既有合理的座位價格，又易懂親民的演出題材，意外地能讓人輕鬆欣賞的歌舞伎表演。何不趁此機會初次體驗一下呢？

Q&A

Q 何時演出？演出時間為？

A 公演幾乎一年之中皆有舉辦，大多分為日、夜2部制。每1部會演出3～4個劇目，演出時間大概1部是4小時～4小時半左右。

Q 何處購買？

A 建議大家事先透過網路或電話購買。位在歌舞伎座地下2樓、木挽町廣場內的售票處，則會在票券開賣的2日後才開始販售該票券。當日票則僅限有未售出之預售票時才有販售，販售時間從早上10時起。

電話 **Ticket Phone Shochiku**
0570-000-489（10:00～17:00）

網路 **Ticket Web Shochiku**
• http://www.ticket-web-shochiku.com/t/（日語）
• https://www.kabukiweb.net/about/ticket（英語）

Q 座位種類與價格為？

A 座位依1～3樓的區域，分成5種。雖然價格會視公演內容而異，但最便宜的是位在3樓後方座位一帶的3樓B席。最貴的棧敷席則是位在1樓左右兩旁的下嵌式特別座位。

※價格為2023年10月公演之票價

1等席	¥18000
2等席	¥14000
3樓A席	¥6000
3樓B席	¥4000
1樓棧敷席	¥20000

要看歌舞伎就到這裡！
歌舞伎座
かぶきざ

歌舞伎專門劇場，自明治時代誕生以來，歷經數次的重建，第五期歌舞伎座於2013年全新公開落成。後方設有高層塔樓。

銀座 ▶ **MAP** 附錄 P.8 B-4

☎ 03-3545-6800　視月份而異　中央区銀座4-12-15　直通地鐵東銀座站3號出口　272輛

沒有票也能好好
享受購物

歌舞伎炸米果
（10片裝）
¥ 1200　**1**

これでよしなに
¥ 1500

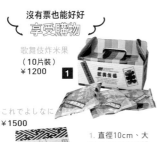

2

1. 直徑10cm、大判尺寸的歌舞伎炸米果，原創的包裝也很讚　2. 小判造型的仙貝。會出現在時代劇裡為人熱知的台詞！

大大的燈籠上畫著歌舞伎座的座紋「鳳凰丸」

B2
木挽町廣場 こびきちょうひろば

聯結東銀座站和歌舞伎座的地下廣場，是能自由使用的空間，這裡聚集了商店與餐廳等，並也匯集了許多歌舞伎座限定的商品。

不定休　視店鋪而異

還有這些！

第一次 也能開心 觀賞！推薦劇目

義經千本櫻 よしつねせんぼんざくら

故事圍繞源平合戰的時代戲劇作品。能見識到將演員懸吊空中的「宙乘」，或在短時間內更換衣裝的「早替」等華麗的表演。

連獅子 れんじし

以親子獅子劇烈揮舞長毛的「毛振」聞名的作品。正因為是以育兒為題材的故事，所以也屢屢在宣告襲名的公演中演出此劇。

助六由緣江戶櫻 すけろくゆかりのえどざくら

以吉原為舞台，講述美男子「助六」的復仇故事。助六的戀人——遊女「揚卷」等具有魅力的登場人物，吸引許多觀眾前來觀賞。

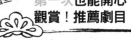

tips　**來租借語音（耳機）導覽吧**

用¥800租借，可以聽見配合舞台演出進度的解說

---

check!
劇場內的模樣！

舞台
發祥自歌舞伎的舞台結構「旋轉舞台」等，設有各種機關結構

座位
1樓席的座位比以前更寬敞，變得能舒適的觀賞劇目表演了

花道
縱貫觀眾席，延伸自舞台的路徑。演員也會從這裡進出

Q 沒有相關知識也能愉快觀賞嗎？

A 只要使用在劇場販售的筋書（演出劇目介紹）和語音導覽的話，就能進一步了解劇目內容和看點，愉快地享受歌舞伎的世界了。

※2023年10月時僅提供英日

Q 有著裝規定嗎？

A 依照平常的穿著就OK。因為會需要長時間坐著，所以穿起來輕鬆舒適的衣物最佳。而為了避免遮擋後方觀眾視線，請不要戴帽子之類的。

TOKYO　GINZA　鑑賞歌舞伎

Very nice

想要一直擁有

尋找喜歡的文具

嚴選具有個性設計又時髦的文具。客製筆或筆記本等也很令人開心。

8F CRAFT 1

Beautiful!

6F HOME 3

5F OFFICE 4

7F COLOR 2

3F DESK 6

4F CARRY 5

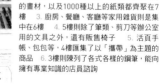

1. 8樓匯集了來自世界各地的設計紙張和手工藝用品　2. 日式與西式、繪畫與雕塑所需的畫材，以及1000種以上的紙類都齊聚在7樓　3. 廚房、餐廳、客廳等家用雜貨則是集中在6樓　4. 5樓則除了筆類、剪刀等辦公室用的文具之外，還有販售椅子　5. 活頁手帳、包包等，4樓匯集了以「攜帶」為主題的商品　6. 3樓則陳列了各式各樣的鋼筆，能向擁有專業知識的店員諮詢

摩登和風小物齊聚一堂

東京鳩居堂 銀座本店
とうきょうきゅうきょどうぎんざほんてん

創業350餘年，香、書畫用品、和風文具、和紙製品的老字號專賣店。色彩鮮明的和風小物也很受女性喜愛。

銀座 ▶MAP 附錄 P.8 B-2

☎03-3571-4429　困無休　🕐11:00～19:00　♀中央区銀座5-7-4　🚇地鐵銀座站A2出口即到　Ｐ無

1. 可收納明信片與和風小物的「丸鳩BOX」¥2052　2. 散發溫柔和風香氣的「香包 金襴巾着」¥770　3. 方便攜帶的薄型「丸鳩筆記本」各¥421

法國號的標誌是記號

銀座 月光莊画材店
ぎんざげっこうそうがざいてん

擁有和歌詩人與謝野夫妻為「月光莊」命名之歷史的畫材店。店內販售的畫具、筆、文具等都是原創商品。

銀座 ▶MAP 附錄 P.8 A-2

☎03-3572-5605
困無休　🕐11:00～19:00　♀中央区銀座8-7-2 永寿ビルB1-1F　🚇地鐵銀座站A2出口步行7分　Ｐ無

1. 蠟筆「GEKKOSO COLOUR CONTE」¥2530　2.「右手迴紋針」¥550　3.「色鉛筆」¥1265

簡約洗鍊的大人文具

G.C.PRESS 銀座直營店
ジーシープレスぎんざちょくえいてん

以高雅又洗鍊的設計和品質自豪的紙類及文具品牌。不管是特別日子或一般日常，都能在這裡找到適用的商品。

銀座 ▶MAP 附錄 P.8 B-2

☎03-6280-6720　困週二
🕐12:00～18:00
♀中央区銀座6-5-16 三楽ビルB1-1F　🚇地鐵銀座站B7出口即到　Ｐ無

1.「小張信紙便籤 My Letter Paper」Quill（上）¥330、Gold（下）¥275　2.「貼紙」磨毛 刺蝟¥363

能一手拿著飲料在店裡逛！

Drink

4

3

1

2F

SHARE

1F

GROUND

1. 信紙、信封、明信片一應俱全，旁邊還有郵筒，可以現場投郵　2. 販售匯集自世界各地的賀卡等　3. 1樓併設的飲料吧　4. 食譜原創的「新鮮檸檬汁」¥410

翻開便會看到裡面刊載的日本魚料理食譜！

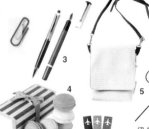

2

3

4

5

6

1

鯛 鯖 鯵

所有商品都是伊東屋原創！

提供的不僅是購物，還有「體驗」

銀座 伊東屋 本店
ぎんざいとうやほんてん

創業120年的文具專賣店，擁有設計與機能優越，讓廣泛世代欣喜的商品。這裡不僅是「買東西的商店」，而是能擁有各種體驗的「生活店鋪」，吸引人們前來。

銀座 ▶MAP 附錄 P.9 C-3

☎03-3561-8311（代）　困無休　🕐10:00～20:00（週日、假日為～19:00）　♀中央区銀座2-7-15　🚇地鐵銀座站A13出口即到　Ｐ無

1.「美味魚筆記本」A6 Slim¥330、A5 Slim¥495　2.「紅色迴紋針」¥330　3. 能客製化設計的「My Mighty」原子筆¥10373（左）、鋼筆¥11055～（右）　4.「馬卡龍橡皮擦」¥550　5. 色票「旅行包S」¥12100　6. 能標上名字的色票「旅行行李吊牌」各¥770

併設的咖啡廳也要check！

12F

CAFE

CAFE Stylo
カフェスティロ

菜單裡使用的蔬菜，是11樓的蔬菜工廠所栽培出來的。「Stylo漢堡」¥1980～

☎03-3567-1108　🕐11:30～21:00

充滿復古魅力、東京首屈一指的下町

淺草 ASAKUSA

以淺草寺為首，淺草匯集了美食與雜貨的老店，是東京的代表性觀光區。
朝著這充滿下町風情的街區踏出一步，懷舊又嶄新的江戶模樣便會展現在眼前。

🏮 雷門

掛著高3.9m、重約700kg巨大燈籠的大門。外側有風神、雷神像，內側有龍神像。

雷神 **風神**

雷神背負著連太鼓，風神手持著起風的大袋子。

一定要去的都內最古老寺廟！
穿和服參拜淺草寺

擁有雷門和仲見世通的淺草寺，是東京觀光的經典之最。
換上和服前往參拜，體驗江戶女孩的心情氛圍吧♪

穿上和服的話，會吸引眾人目光！

🏯 仲見世通
》》P.60

聯結雷門與正殿的參道，是日本最古老的商店街。延續約250m的街道上，伴手禮等店家比鄰而立。

以擁有約1400年歷史為傲的古寺
淺草寺
せんそうじ

一年有約3000萬人前來參觀的都內最古早寺廟。以實現所有願望、祈求現世利益的靈驗之地聞名，並以「淺草觀音」之暱稱為人熟知。正殿與雷門等景點也非常多。

淺草 ▶ **MAP** 附錄 P.17 B-2

☎03-3842-0181 **休**無休 **時**6:00～17:00（10～3月為6:30～） **所**台東区浅草2-3-1 **交**地鐵浅草站6號出口步行5分 **P**無

TOTAL 2.0H

12:00
10:00
15:00
18:00

位在仲見世的店家，有許多的營業時間是10時前後到傍晚左右，因此要多加留意

BEST TIME／上午

如果也想要好好逛逛仲見世，最好是在上午時來訪。

這裡是人氣觀光地區，要做好多少會人擠人的心理準備。晚上仲見世是打烊的狀態，但人潮少氣氛佳，因此推薦此時來訪。

門後有約4.5m的巨大草鞋！

三 寶藏門

立於正殿前，2層樓構造的山門。雖然過去稱作仁王門，但因收藏寺裡的珍寶而改變名稱。

四 常香爐

在參拜前，讓立在香爐內的線香之煙縈繞周身，淨化一下身體吧。別忘在前方的淨手池淨化雙手。

淺草寺並非神社祈禱不需拍手

五 正殿

正如其通稱「觀音堂」，這裡供奉的是觀世音菩薩。天花板上描繪的「龍之圖」、「天人之圖」也很值得一見。

六 影向堂

供奉名為「影向眾」，協助觀音菩薩的佛。淺草名勝七福神的大黑天亦在此處。

在這裡取得御朱印吧！

七 求籤處

淺草寺籤也以凶籤的比例較高而聞名。抽1次¥100，依從籤筒中抽出的號碼，取得1張籤文。

藉護身符加持運氣

「良緣守」（各¥1000）等，有20種以上提升運氣的護身符

tips

夜間點燈也很漂亮！

tips

每天日落後至23時左右，會在包含正殿在內的4處進行夜間點燈

在這裡租借和服！

備有約2000件可愛的和服
KIMONO RENTAL wargo
東京淺草店
きものレンタルワーゴとうきょうあさくさてん

租借和服在下町散步，會讓樂趣倍增！從古典風格到流行設計，和服陣容相當豐富。

淺草 ▶ MAP 附錄 P.17 A-2

☎03-4582-4864 無休 10:00～19:00（最晚歸還時間18:30） ♀台東区浅草2-6-7 4F 可挑選的標準方案於官網付費結清¥3300 筑波快線淺草站A1出口即到 P無

羅列下町獨有的點心與和風雜貨
在仲見世通一帶購物

將近90間店鋪密集於其中的仲見世通。現做美食、可愛雜貨等，在此要介紹必定會令大家目不暇給的推薦店家。

這條街道上嚴禁邊走邊吃！要想吃喝的話，就在購買的店家門前享用吧

炸米果 ¥300
使用特級紅花籽油炸出來的米果。放在杯子裡能輕鬆享用

伍 在店前櫃檯現煮
溫熱又柔軟

沾上大量黃豆粉，口感Q彈又柔軟的糰子
吉備糰子
5枝 ¥400

仙貝 1片 ¥60～
除了經典的醬油口味，還有辣椒葉、抹茶、芝麻等種類也相當豐富

貳 散發懷念的味道
米果＆仙貝

奶油地瓜燒
1個 ¥370
充滿豐盈的奶油與牛奶香氣，口感滑順美味

地瓜羊羹
1塊 ¥173
低甜度的高雅味道，能感受到地瓜的風味

涼圓
1個 ¥98
用寒天蜜餡製成的涼圓，有白腰豆、抹茶、咖啡等6種口味

點心

仲見世獨有的老店點心。風味溫和，讓人不知不覺就吃太多！

紫芋霜淇淋
¥400
能享受到紫芋溫和的風味。春～秋季限定販售

壹 浅草的代表性
名物和菓子

肆 溫和香甜的
地瓜甜點

冰淇淋最中
1個 ¥380

參 酥酥脆脆的最中
外皮和冰淇淋十分相搭

裡面的冰淇淋有紅豆、抹茶、香草、黃豆粉、黑芝麻等種類也很豐富

伍 浅草きびだんごあづま
あさくさきびだんごあづま

能品嘗到在店前現煮，風味樸實又口感柔軟的「吉備糰子」，廣受好評。冬天可配甘酒、夏天配冰抹茶享用。

淺草
▶ MAP 附錄 P.17 B-3
☎ 03-3843-0190 困不定休 ⏰ 10:00～19:00（售完打烊）♀ 台東區浅草1-18-1 🚇 地鐵淺草站1號出口步行3分 🅿 無

肆 おいもやさん興伸
浅草伝法院東通店
おいもやさんこうしんあさくさでんぼういんひがしどおりてん

地瓜批發商經營的地瓜點心專賣店。使用每個季節嚴選出的最美味地瓜製作，也很推薦蜜糖滿滿的拔絲地瓜。

淺草
▶ MAP 附錄 P.17 B-3
☎ 03-3843-3886 困無休 ⏰ 9:00～20:00 ♀ 台東區浅草1-30-6 🚇 地鐵淺草站6號出口步行3分 🅿 無

參 浅草ちょうちんもなか
あさくさちょうちんもなか

燈籠造型的冰淇淋最中，一整年都能吃到。點單後才開始夾入冰淇淋，因此餅皮總是酥酥脆脆充滿香氣。

淺草
▶ MAP 附錄 P.17 B-3
☎ 03-3842-5060 困不定休 ⏰ 10:00～17:30（視季節而異）♀ 台東區浅草2-3-1 🚇 地鐵淺草站6號出口步行5分 🅿 無

貳 舟和 仲見世2号店
ふなわなかみせにごうてん

創業百餘年的和菓子。「地瓜羊羹」僅使用地瓜、砂糖、少量的鹽製作，吃不膩的好滋味，擁有穩固的人氣。

淺草
▶ MAP 附錄 P.17 B-3
☎ 03-3844-2782 困無休 ⏰ 9:30～18:00（週六、假日為～19:00）♀ 台東區浅草1-30-1 🚇 地鐵淺草站6弧出口步行4分 🅿 無

壹 杵屋
きねや

炸米果與手烤仙貝店。種類豐富的仙貝是用炭火細心烤製，還能吃到在店前現炸的米果。

淺草
▶ MAP 附錄 P.17 B-3
☎ 03-3844-4550 困無休 ⏰ 9:00～18:30 ♀ 台東區浅草1-30-1 🚇 地鐵淺草站1號出口步行6分 🅿 無

染絵手ぬぐいふじ屋
木村家本店(人形焼)
江戸趣味小玩具
木村家小助六
仲見世助六(人形焼)
おいりやないろんや
浅草ちょうちんもなか
亀屋(仙貝・人形焼)
松之枝屋(和服小物)
赤番屋(和菓子)
松寿屋(米香酥)
中屋(アクセ・和服)
コマチヘア(アクセ)
富士屋(帽子)
松寿堂(人形焼)
松崎屋(帽子)
フジノ(喜久屋)
喜久屋(伴手禮)
いばせ(伴手禮)
酒井好好堂(浮世繪)
福光屋(紀念品)
よろし化粧堂
黒田屋本店
雷門
門跡堂(進種入れ)
本家梅林堂(人形焼)
雷おこし本舗

日式手巾(招福貓)
¥2530
寫著福字的招財貓,跟粉色的布料非常相稱

玖 染色職人製作的可愛日式手巾

描繪著東京晴空塔®與觀音,展現出下町的新舊風貌

日式手巾(淺草風景)
¥2750

拾 擁有約500種筷子的專賣店

江戶木筷
縞黑檀八角形　¥4200
前端較細,順手好拿的筷子

365護唇膏
各¥1100
內含蜜蠟的濃厚唇膏。有366日的設計,因此也很適合依生日或紀念日來挑選

和風雜貨
日式手巾、和紙等擁有古早又美好之魅力的可愛雜貨,最適合當作伴手禮。

香氛御守
回憶　¥550
方便攜帶的御守造型香氛小物。為清新花香所療癒

陸 實現高品質與設計性的美妝用品

木屐物語
¥16280

捌 色彩繽紛的和紙令人著迷♡

2 和紙
1張¥121～
御朱印帳
各¥1650～

1. 御朱帳封面貼著職人製作的和紙
2. 備有約100種圖案美麗的和紙

濕物收納袋
¥1650

柒 精選自全日本的和風雜貨

1. 能收納濕掉的物品,浴衣布料製成的大收納袋
2. 耐穿又非常舒適

拾
浅草たけや
あさくさたけや

販售職人手作的江戶木筷等的專賣店。從種類豐富的筷子裡,試著找出合手的筷子吧。

`淺草`
▶ MAP 附錄 P.17 B-3
☎03-3847-9914
休 無休　⏰10:00～18:00
♀台東区浅草1-31-1 ♥地鐵淺草站1號出口步行5分 ℗無

玖
染絵手ぬぐい ふじ屋
そめえてぬぐいふじや

運用江戶時代的技法,在木棉布上染色的日式手巾。傳統的圖案就不用多說,還有東京晴空塔®等,豐富的原創設計圖案。

`淺草`
▶ MAP 附錄 P.17 B-3
☎03-3841-2283 休 週四(逢假日則營業)
⏰11:00～17:00 ♀台東区浅草2-2-15 ♥地鐵淺草站6號出口步行6分 ℗無

捌
黒田屋本店
くろだやほんてん

位在雷門正旁邊的老字號和紙專賣店。除了和紙與千代紙之外,還有販售和紙做的信紙、明信片、書衣等。

`淺草`
▶ MAP 附錄 P.17 B-3
☎03-3844-7511 休 週一(逢假日則翌平日休)⏰10:00～18:00 ♀台東区浅草1-2-5 ♥地鐵淺草站1號出口即到 ℗無

柒
粋れん
すいれん

這家選貨店陳列著來自全日本的和風雜貨。原創設計的日式手巾、摩登時尚的物品等,擺滿種類廣泛的商品。

`淺草`
▶ MAP 附錄 P.17 A-3
☎03-3843-5373
休 無休　⏰11:00～18:00 ♀台東区浅草1-18-10 ♥地鐵淺草站6號出口步行3分 ℗無

陸
よろし化粧堂
よろしけしょうどう

大量使用自日本人自古以來熟悉的日式自然成分,陳列著將古早智慧延續至今的化妝品。

`淺草`
▶ MAP 附錄 P.17 B-3
☎03-5811-1730
休 無休
⏰10:00～18:00
♀台東区浅草1-18-1 ♥地鐵淺草站1號出口即到 ℗無

復古懷舊的氣氛令人放鬆感到療癒

在老宅翻新CAFE輕鬆愉快地午餐

仍保有古早魅力的淺草，散布著翻新老舊建築的咖啡廳。
在溫暖的空間裡，悠閒地休息一下吧。

在附設麵包工房的餐館裡享用講究的早午餐

Best Lunch♪

在挑高寬敞的1樓，還有活力洋溢的開放式廚房

LUNCH MENU

裝盛在平底鍋內的
英式早餐

￥1250

手作香腸、培根、番茄
燉菜豆等，再附上店家
自豪的麵包

1. 距離淺草寺也很近，位在隅田川河床旁的3
層樓建築　2. 2樓的休憩空間，時間悠閒地流
逝，幾乎讓人忘了身在熱鬧的淺草

SUKE6 DINER
スケろくダイナー

使用店家自製的香腸、麵包工房的天
然酵母麵包、新鮮雞蛋製作的料理
等，從早上開始就能享受店家精心製
作的菜單。不分世代大家都能輕鬆造
訪的寬敞明亮氛圍，以及不分時段豐
富多元的菜單，很受歡迎。

淺草　▶ MAP 附錄 P.17 B-3

☎ 03-5830-3367
不定休　⏰ 8:00～17:30
📍 台東区花川戸1-11-1 あゆみビル1-3F
🚃 地鐵淺草站5號出口步行5分
🅿 無

Café Otonova
カフェオトノヴァ

翻新屋齡近60年古民宅而成的隱密咖啡廳。講究的料理就不用多說，在活用音樂與裝潢擺設等「古早又美好」的空間裡，度過非日常的片刻吧。

淺草 ▶ MAP 附錄 P.5 C-2

☎03-5830-7663 🈺不定休
🕐12：00～21：00（週日、假日為～20：00）📍台東區西淺草3-10-4
🚇筑波快線淺草站A2出口步行5分 🅿無

店內以白色為基調，營造出「宛如法國鄉村般的空間」

沉浸在古董風格擺設與音樂環繞的優質空間

LUNCH MENU

雞肉與馬鈴薯的番茄湯咖哩
￥1200

附有米飯、沙拉、飲品的平日套餐。加￥100還有葡萄酒可選

1. 位於合羽橋道具街一旁的巷弄裡
2. 室內陳設採用許多古董風格家具

---

iriya plus café
@カスタム倉庫
イリヤプラスカフェアットカスタムそうこ

翻新屋齡50年的木造倉庫而成的咖啡廳。店內陳設著採購自美國波特蘭的家具，有如西海岸的工廠一般。合理的價格也很令人欣喜。

淺草 ▶ MAP 附錄 P.17 A-4

☎03-5830-3863 🈺週一、二（逢假日則營業）🕐11：00～17：00（飲品為～17：30）📍台東區壽4-7-11 🚇地鐵田原町站3號出口即到 🅿無

店內擁有30個座位，木質調的氛圍讓人感受到老宅在倉庫時代的影子

空間寬敞的家庭咖啡廳

充滿木頭溫度

LUNCH MENU

莫札瑞拉起司鬆餅
￥1900

這道鬆餅不僅是甜點，還能當作午餐享用。附飲品1杯

1. 豐富多樣的設計照明等，內部裝潢有著古董風格特有的溫度　2. 原為保管舞台服飾的倉庫

日式香甜滿溢口中！
下町的美味日式甜點

將下町甜點經典——餡蜜、和菓子，進化成咖啡廳風格的菜單等，美味甜點齊聚一堂。

糯黍善哉紅豆湯
￥792

具有深度的風味暖人心房、自江戶時代起未變、

淺草 梅園
あさくさうめその

SHIRATAMA

2

1854年於淺草寺別院——梅園院一隅開業，代表菜單是使用糯黍製作的「糯黍善哉紅豆湯」，糯黍微澀的味道和紅豆香甜的滋味搭配得恰到好處，是店裡的長銷商品。此外，「餡蜜」770円等也是很受歡迎的菜單。

淺草　▶MAP 附錄 P.17 B-3
☎03-3841-7580　休每月2次週三不定休　⏰10:00～16:30（週六日、假日為～17:30）　♀台東区浅草1-31-12
🚇地鐵淺草站1號出口步行5分　Ｐ無

3

1. 使用5分精米的糯黍所製作的年糕，再加上細心熬煮得熱呼呼的紅豆泥所製作而成的一道甜點　2. 這道「白玉冰淇淋餡蜜」￥946也很受歡迎　3. 店內菜單的點單方式為餐券式

1

宇治
白豆沙金時
￥1100

上頭淋薯白豆沙餡的刨冰底下有滿滿的抹茶和紅豆

1

2

1. 滿滿店家自製的豆沙餡，期間限定的菜單　2.「たいやき」暖簾為店家標記　3.「鯛魚燒」￥180，香噴噴的外皮內塞滿了花上8小時熬煮的紅豆餡

TAIYAKI

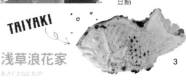
3

淺草浪花家
あさくさなにわや

鯛魚燒名店，分號自「麻布十番浪花家　本店」，獲得本店傳授技術的「鯛魚燒」就不用多說，鬆鬆綿綿的刨冰很受好評。「宇治金時」￥900大量淋上也會用在鯛魚燒的內餡，紅豆配草莓的「朝霞」￥980等，還有季節限定等口味。

淺草　▶MAP 附錄 P.17 A-2
☎03-3842-0988　休不定休　⏰11:00～19:00（週六日、假日為10:00～18:00）　♀台東区浅草2-12-4
🚇筑波快線淺草站A2出口即到　Ｐ無

地瓜羊羹 霜淇淋聖代 ¥935

IMON BLANC

老字號「舟和」使出渾身解數的滿是地瓜聖代!

1. 加入許多「地瓜羊羹」塊，菜單人氣No.1的「地瓜羊羹霜淇淋聖代」 2. 將地瓜羊羹變得滑順的「地瓜蒙布朗」¥451（春夏限定） 3. 好天氣時露臺座位很搶手，位在出淺草站即到的好位置

ふなわかふぇ

淺草老字號和菓子店「舟和」經營的咖啡廳。在這裡能吃到使用「舟和」經典商品「地瓜羊羹」的聖代，以及「地瓜拿鐵」¥418等。

[淺草] ▶ MAP 附錄 P.17 B-3
☎03-5828-2703 無休 10:00～18:00（週六日、假日為～18:40） 台東區雷門2-19-10 地鐵淺草站2號出口即到 無

壽々喜園×ななやコラボショップ

すずきえんななやコラボショップ

位在茶葉批發店「壽々喜園」內的義式冰淇淋店。「抹茶義式冰淇淋」使用高品質的靜岡縣抹茶製作，有No.1～7七個階段的濃度可選。

[淺草] ▶ MAP 附錄 P.17 B-1
☎03-3873-0311 不定休 11:00～17:00
台東區淺草3-4-3 地鐵淺草站6號出口步行8分 無

甜筒 雙球 （左）¥740、（右）¥550

可選擇抹茶濃度的絕品義式冰淇淋

NODATE

NODATE

1. 「抹茶義式冰淇淋No.7與焙茶」¥680（左）與「抹茶義式冰淇淋No.3與黑芝麻」¥490（右） 2. 一定能找到自己喜歡的濃度 3. 「搖搖即享靜岡抹茶NODATE」手搖雪克杯¥324 4. NODATE補充包¥378

+One 淺草的日式咖啡廳

純喫茶マウンテン

じゅんきっさマウンテン

據說大家提到淺草就會想到這裡，如此有名的日式咖啡廳。2樓為御好燒店（需預約）。日式甜點、抹茶、餡蜜等甜點也非常出色。

[淺草] ▶ MAP 附錄 P.17 A-3
☎03-3841-0172 無休 11:30～19:30（週四一日為～20:30） 台東區淺草1-8-2 筑波快線淺草站A1出口步行3分 無

1. 「霜淇淋餡蜜」¥900，加入店家自製糖煮李子的淺草名物 2. 復古的店內氣氛良好，空間裡有著日式咖啡廳獨有的沉靜氛圍

WAI WAI

居酒屋 鈴芳
Tel 03-3841-6081

Hoppy 早早開始喝的最棒了！

3月18日と9月3日が記念日 (2割)

微醺的下町之夜，真開心♪

在Hoppy通逐店酌飲

感覺微醺，心情真舒適

和無需客套的朋友們一同喝酒的時光是最棒的揮霍。

在道地淺草人環繞之下，享受夜晚的時光吧！

和風燉牛雜
（味噌味）
¥700-

冰鎮番茄
¥500-

鹽漬蕗蕎
¥500-

樽生Hoppy
（日）
¥600-

總計 ¥2300

鈴芳
すずよし

在淺草寺西側，居酒屋林立的Hoppy通裡最為熱鬧的店家。招牌菜單「樽生Hoppy」跟燉牛雜非常對味。從中午開始就很熱鬧，面向街道的桌椅座總是客滿的狀態。享受著充滿活力的店家與淺草的夜晚氛圍，愉快地暢聊一番吧！

淺草　▶MAP附錄 P.17 A-2

☎03-3841-6081　週二　12:00～21:00（週六、日為11:00～）　台東区淺草2-5-1　地鐵淺草站1號出口步行7分　無

1. 店家最受歡迎的「和風燉牛雜」跟Hoppy的味道超級相搭！　2. 最適合下酒的小菜「鹽漬蕗蕎」3. 白Hoppy很受歡迎　4.「冰鎮番茄」風味清爽5. 平日從中午開始人潮就絡繹不絕。淺草最有人氣的店家

What's ?
Hoppy通

大眾酒館林立的街道，以前被稱作「燉菜通」，不過因為在這裡比起啤酒更常喝便宜的Hoppy，所以就被改稱為「Hoppy通」了。令人開心的是在這裡不僅夜晚而已，在白天也能喝一杯！

正ちゃん
しょうちゃん

擁有約70年歷史的老店，在這一帶最先推出「燉菜」，招牌菜──國產牛的「燉牛肉」運用自創業以來持續添滿的醬汁製作。數次登上媒體報導，也有許多特地遠道而來的觀光客。

淺草 ▶MAP附錄 P.17 A-2
☎03-3841-3673 ☒不定休
🕐12:00～20:00（燉牛肉售完打烊） 📍台東區浅草2-7-13 🚇地鐵淺草站1號出口步行7分 🅿無

I ♥ ASAKUSA

馬鈴薯燉肉
¥500-

滷雞翅
¥500-

燉牛肉
¥500-

Hoppy（白）
¥550-

總計 ¥2050

1. 一邊喝著Hoppy，一邊吃著燉牛肉，真是太棒了！ 2. 放上大塊豆腐的「燉牛肉」使用國產牛肉，燉煮得軟嫩入味，頂級美味的一道料理 3. 在口中軟嫩化開的「滷雞翅」 4. 分量十足的「馬鈴薯燉肉」 5. 店內僅有吧檯座，在家庭的氛圍之中開心愉快地喝一杯

浅草酒場 岡本
あさくささかばおかもと

RETRO!

想要享受Hoppy通特有的戶外飲酒，就到這裡！店內店外座位相較他店都蠻多的，真令人開心。對料理的品質也相當講究，是能讓人享受到「便宜又美味」的人氣店家。

淺草 ▶MAP附錄 P.17 A-3
☎03-6479-8783
☒無休 🕐11:00～22:30（週四為17:00～） 💴平日免消費稅，週六、日則會收消費稅 📍台東區浅草1-40-7 🚇地鐵淺草站1號出口步行7分 🅿無

元祖
燉牛筋內臟
¥600-

烤雞腿肉
¥480-

1. 能感受街上熱鬧氣氛的露臺座位 2. 還是要用「Hoppy」乾杯！ 3. 軟嫩雞腿肉的烤雞肉串 4. 能輕鬆享用，最適合配酒 5. 細心去除浮渣，燉煮得軟嫩的「燉牛筋內臟」

串一根小黃瓜
¥300-

Hoppy（黑）
¥450-

總計 ¥1830
（週六、日為¥2013）

把「時尚牆」當作背景，享受模特兒氛圍！

有會讓人想拍照的牆壁
來拍張時尚自拍吧

最近在社群網站上躍為話題的「時尚牆」。鮮亮的配色與描繪壁畫的牆壁，作為拍照景點受歡迎到會引起排隊人潮。即使是隨意自拍，以「時尚牆」為背景拍攝的話，會一口氣提升潮流感！拍攝時請注意不要造成旁人的困擾。

字母配上鏤空模板
風格整體好時尚！

#Athenee Francais

能拍出夢幻般的一張

#Alice on Wednesday TOKYO

要找到可愛的他喔♡

#MR.FRIENDLY Cafe

能和MR.FRIENDLY合照！

Ⓒ **MR.FRIENDLY Cafe的牆壁**
ミスターフレンドリーカフェのかべ

位在代官山的「MR.FRIENDLY Cafe」（〉P.130）的外帶區。長凳旁繪有MR.FRIENDLY的圖案，讓人在等待的時間裡也能開心地度過。

代官山 ▶ MAP 附錄 P.18 B-3

♀渋谷区恵比寿西2-18-6 SPビル1F
🚉東急東横線代官山站北口步行5分

恍如來到仙境

Ⓑ **Alice on Wednesday TOKYO的牆壁**
すいようびのアリスとうきょうのかべ

出地鐵站即到的雜貨店「Alice on Wednesday TOKYO」的牆壁。在好幾扇門之中，只有一扇是真的……。歡迎來到散發不可思議氛圍的空間。

原宿 ▶ MAP 附錄 P.10 B-4

♀渋谷区神宮前6-28-3 🚉地鐵明治神宮前〈原宿〉站7號出口即到

超時尚的粉紅牆壁

Ⓐ **Athénée Français的牆壁**
アテネフランセのかべ

字母鑲嵌其上的粉紅牆壁，竟是法語學校的外牆。牆上散布著小窗戶，夜晚室內的燈光會從這裡透出，又會呈現不一樣的氛圍。

水道橋 ▶ MAP 附錄 P.5 C-2

♀千代田区神田駿河台2-11
🚉JR水道橋站東口步行5分

網羅眾多美食！

Gourmet

東京匯集了美味又時尚的美食。
熱潮不減的三明治，以及擁有穩固人氣的鬆餅…
來去吃話題中的潮流美食吧★

I love eating yummy stuff

THE GREAT BURGER
ザ グレート バーガー

≫P.72

Have a nice day!

Good Morning

東京從早開始就有好多「好吃的」！

一同早起吧！推薦到此享用早餐

難得到東京觀光，想要稍早一些起床，從早上就吃到好吃的早餐！
從一早開始營業的餐廳早餐推薦在此。

Good Morning!

menu
英式早餐
¥1750

差不多是從工業革命時代
開始出現的英國經典「全
套早餐」

drink menu

other menu

蘋果汁
¥700

檸檬汁
¥800

穆薩爾斯基茶
¥750

nousnous
¥720

好好吃頓早餐吧！

補充活力吧！

台式早餐
（外帶）¥1650

美式早餐
¥1650

能吃到世界各地的早餐

WORLD BREAKFAST ALLDAY
ワールドブレックファストオールデイ

以「透過早餐了解世界」為概念的餐廳，提供每2個月更換
國家的世界各地傳統早餐。常態菜單有英國、臺灣、美國。
其他還有蒙古、保加利亞、芬蘭等，能品嚐到在日本不太吃
得到的各國傳統早餐菜單。

表參道 ▶MAP 附錄 P.10 B-1
☎03-3401-0815
休不定休 **時**7:30～19:30 ♀渋谷区神宮前3-1-23 1F
交地鐵外苑前站3號出口步行5分 **P**無

1. 小巧雅致的可愛店面 2. 店
內空間深長，中間有張大桌
子，宛如大家庭圍繞在餐桌般
的氛圍

menu
早餐套餐
¥660

1

\Miso Soup/

2

4　　　　　3

1. 早餐味噌湯、1個飯糰、半顆水煮蛋，再配上醃漬小菜的套餐 2.「整顆番茄與柔嫩牛筋的味噌燉湯」¥968，推薦搗開番茄享用（早餐時段無供應） 3. 白牆與有碗圖糰的旗幟為店家的標記 4. 小巧雅緻的店裡充滿日式氛圍

品嚐以味噌湯為主角，對身體溫和的早餐

MISOJYU
ミソジュウ

能品嚐到豐富湯料的味噌湯，從經典味噌湯到融合海外濃湯料理的味噌湯，備有許多只有在這裡才能享受到的一碗好湯。想要跟使用有機原創混合米製作的飯糰一起，從早開始就細細品嚐這些美味。

淺草　▶ MAP 附錄 P.17 A-3

☎03-5830-3101　休無休
🕐8:00～19:00（早餐為～10:00）
📍台東区浅草1-7-5
🚇地鐵淺草站1號出口步行3分
🅿無

來早起活動吧！！

MISOJYU

menu
經典班尼迪克蛋
¥1710

1

3

2

1. 鬆鬆軟軟又柔嫩Q彈的水波蛋，跟加了檸檬的爽口荷蘭醬，風味超搭！ 2. 3樓為露臺座位區 3. 店內寬敞明亮 4. 經典菜單「蓬鬆法式吐司」¥1510

\French Toast/

4

被稱為「NY早餐女王」的餐廳

Sarabeth's 東京店
サラベスとうきょうてん

以深受世界各地遊客喜愛自豪，來自NY的餐廳。重現在總店也很受到重視健康的紐約客高度支持的健康口味，在這裡能品嚐到Sarabeth's講究的溫和風味。東京店不僅有早餐，晚餐菜單也很豐富。

東京站　▶ MAP 附錄 P.7 C-3　Ⓖ Ⓡ

☎03-6206-3551　休無休　🕐8:00～22:00（週六為9:00～、週日、假日為9:00～21:00），3樓露臺為11:00～（週日、假日為11:00～16:30）　📍千代田区丸の内1-8-2 鉄鋼ビルディング南館2-3F　🚇JR東京站八重洲北口即到
🅿無

　在「WORLD BREAKFAST ALLDAY」也會舉辦烹飪教室等工作坊和活動。

肉食女子
也大滿足！

I ♥ meat!

衝擊力與風味都是一級品！
狙擊HOT的肉肉美食！

東京的肉肉美食種類豐富且持續進化中，從經典的漢堡到令人驚艷的烤牛肉丼……。
每一家都是火熱話題店家！不要在意卡路里，偶爾也讓自己大飽口福一番吧♪

黑毛和牛午餐價格
非常經濟實惠！

3

牛庵
ぎゅうあん

神戶出身的老闆會直接向當地畜牧業者進行採購，因此
在這裡能輕鬆品嚐到神戶牛肉。午餐除了「黑毛和牛漢
堡排」之外，也很推薦「鐵板黑毛和牛壽喜燒」1300円

銀座 ▶ MAP 附錄 P.8 B-3
☎03-3542-0226
休 週日、一（逢假日則營業）
⏰11:30～13:45、17:30～21:30 ♀中央区銀座6-13-6
🚇地鐵東銀座站A1出口即到 P 無

1. 店位在大樓地下1樓，充滿歷史氛圍的招牌是店家的標
記 2. 具有品味的店內裝潢，是將福島縣村長居住的建築
移建而成的 3. 能夠盡情享受肉質原有的鮮美滋味，午
餐限定18份

2

1

menu

黑毛和牛漢堡排

¥1000

THE GREAT BURGER
ザ・グレートバーガー

能享受到30種以上漢堡的美式餐廳。瘦肉混合和牛牛
脂特製出的漢堡肉餅，一咬肉汁就會滿溢出來。店家
自製的漢堡麵包加了天然酵母，口感鬆軟Q彈。

原宿 ▶ MAP 附錄 P.10 B-4
☎03-3406-1215 休 無休
⏰11:30～22:00 ♀渋谷区神宮前6-12-5 1F
🚇地鐵明治神宮前〈原宿〉站7號出口步行5分 P 無

3
2
1

1. 兩片漢堡肉餅，再加上培根、酪梨、起司的名物漢堡，薯條
有細條與帶皮2種可選 2. 有著透明玻璃的外觀 3. 店內裝潢
以南加州為形象設計

肉汁滿溢的
貪心漢堡

menu

Great Greedy
Burger

¥2475

Big
tower!!!

肉肉美食

menu

PAO（肉包）

1 個 ¥300

★

色彩繽紛可愛
也推薦買來當伴手禮！

TOKYO PAO
トウキョウパオ

新型態肉包專賣店，總共8種顏色的彩色肉包，各種顏色的口味都不一樣，有花椒包、油淋雞包、蜜糖地瓜包等不常見的菜單。包子是女性也方便食用的大小，還有不加大蒜這點也很令人開心。

有樂町 ▶ MAP 附錄 P.9 C-1

☎03-5224-6239
休不定休（準同YURAKUCHO ITOCiA公休日）
⏰11:00~20:30 ♀千代田區有樂町2-7-1 有樂町伊思亞B1 ♉JR有樂町站中央口即到 🅿243輛

1. 位在ITOCiA內，因此能在購物空檔中輕鬆地順道前往　2. 直徑約6cm，個頭小巧但風味道地

Colorful!!!!

★

Red Rock 原宿店 ✫ ☆
レッドロックはらじゅくてん

造成排隊人潮的烤牛肉丼店。因為採用低溫長時間加熱，鎖住了肉質的鮮美滋味。淋上特製的甜辣洋蔥醬與優格醬，女性也能吃得清爽。

原宿 ▶ MAP 附錄 P.10 A-2

☎03-6721-1729 休無休 ⏰11:30~21:00
♀渋谷區神宮前3-25-12 フジビルB1 ♉JR原宿站竹下口步行8分 🅿無

Yakiniku.ushicoco.
ヤキニクウシココ

1. 在吧檯享用，店內時尚的裝潢顛覆大家對燒肉店的印象　2. 因為新鮮所以才是人氣No.1菜單

這家燒肉店堅持僅使用A5等級的母牛肉。從稀毛和牛的經典部位到稀有部位一應俱全，為顧客提供美味的肉品。一定要跟點單後才開始炊煮的米飯一同享用。

中目黑 ▶ MAP 附錄 P.18 A-4

☎03-6303-3190 休週一 ⏰11:30~14:00、17:00~22:00 ♀目黑上目黑2-16-1 ♉東急東橫線、地鐵中目黑站東口步行3分 🅿無

喲刀十足！
高聳的肉肉小山

menu

烤牛肉丼
（大）

¥1950

1. 絕妙的火候讓人能盡情品嚐到肉品原本的風味，一般大小¥1300　2. 除了吧檯座之外，還有桌椅座。亦有許多女性客人的身影

✧

在其他地方很難品嚐到的
新鮮黑毛和牛生拌牛肉 ✧

menu

黑毛和牛生拌牛肉

¥1600

I'm Edokko!

Edo Gourmet

來到東京一定要去的人氣店家

品嚐江戶美食♪

要吃江戶人喜愛的美食，就來去總是因為觀光客而熱鬧非凡的2個區域吧。
人氣店家集中在能享受新鮮海鮮的豐洲，以及老字號名店雲集的淺草！

Toyosu

豐洲

menu

無菜單套餐

¥5000

menu

頂 ITADAKI 丼

¥2300

豪華海鮮的競演！

太過奢侈的丼飯

由熟知魚類的師傅所捏製的絕品江戶前壽司

1. 店內僅有吧檯座。充滿開放感的寬廣氛圍　2.「IITOKODORI丼」¥3600。放滿鮪魚中腹肉、海膽等7種食材的海鮮丼　3. 有8種食材的丼飯。最後淋上海鮮高湯做成茶泡飯享用

1. 無菜單握壽司9貫，加上壽司捲、玉子燒，以及師傅會為客人捏製1貫喜歡的食材　2. 能在在吧檯座欣賞眼前師傅捏製壽司的模樣　3. 店家的標記是綠色的暖簾

海鮮丼 大江戶

かいせんどんおおえど

以豐富菜單自豪的海鮮丼專賣店。食材是每天早上由選貨專家採購，使用當季嚴選的海鮮。所有的海鮮丼，都可以採配料單點的方式追加自己喜歡的食材。

豐洲　▶MAP 附錄 P.5 C-4

☎03-6633-8012　休週日、假日、休市日※詳情請見官網
6:30～15:30　♀江東區豐洲6 東京都中央卸売市場豐洲市場 6 街區 水産仲卸売場棟3F　♥百合海鷗號市場前站即到　Ⓟ458輛（千客万來）

寿司大

すしだい

獲得美食行家讚賞的人氣店家。店家每天早上會採購當季新鮮的天然食材，並以師傅精湛的手藝提供客人美味的壽司，對「煮切醬油」和「岩鹽」也有其講究之處。因為一定會要排隊，所以建議在開店前的5時抵達為佳。

豐洲　▶MAP 附錄 P.5 C-4

☎03-6633-0042　休週日、休市日※詳情請見官網
6:00～14:00（配合打烊時間，便不會再接待客人進店）
♀江東區豐洲6 東京都中央卸売市場豐洲市場 6街區 水産仲卸売場棟3F　♥百合海鷗號市場前站即到　Ⓟ458輛（千客万來）

Tips 江戶美食是怎樣的呢？

說到江戶美食，經典代表為「江戶前壽司」，指的是使用在江戶前方（江戶灣）捕獲的食材所製作的壽司。過去是在路邊攤就能吃到、平民能輕鬆品嘗的速食。此外，「壽喜燒」、「深川飯」、「天婦羅」也很有名。下

町區域還有許多擁有悠久歷史的老店，能盡情享受從古至今不變的風味。而想要享受江戶人之精髓者，則推薦蕎麥麵。將能夠充分感受蕎麥原味的十割蕎麥麵，充分地沾附風味濃郁的醬汁後好好享用吧。

似乎是比現在的握壽司大了接近2～4倍的樣子呢！
江戶時代的壽司

1. 有韻律感地煮著蕎麥麵　2. 位在距雷門約150m處，日本首屈一指、擁有光輝歷史的蕎麥麵店　3. 這間店的特徵是使用新鮮蕎麥粉揉製的十割蕎麥麵，和不輸給它的東京第一重口味醬汁

配上「東京第一重口味」醬汁享用的十割蕎麥麵

menu
竹籠蕎麥麵
¥850

並木藪蕎麦
なみきやぶそば

以擁有100年以上歷史自豪，東京屈指可數的老字號蕎麥麵店。低甜度散發強烈醬油香氣的重口味醬汁為其特徵。將蕎麥麵沾附些清爽的東京風醬汁後品嘗，是藪蕎麥的精華吃法。週末中午必定會要排隊，推薦在一開店時或是中午晚一些再來。

淺草　▶ MAP 附錄 P.17 A-4
☎ 03-3841-1340
🈺 週三、四　🕐 11:00～19:00　📍 台東区雷門2-11-9　🚉 地鐵淺草A4出口步行3分　🅿 無

---

menu
明治壽喜燒丼
¥2530
※11時30分～14時30分供應。1日限定20份。不可預約

Asakusa
淺草

能盡情享受文明開化的味道
限定20份的壽喜燒丼

1. 附紅味噌湯與醃漬小菜的「明治壽喜燒丼」，僅供應至14時30分。想要吃丼飯菜單建議要早點來　2. 位在國際通旁　3. 1樓有架高和式座位及桌椅座，2樓有包廂，3樓則是日式宴會廳

浅草今半 国際通り本店
あさくさいまはんこくさいどおりほんてん

創業120多年，淺草具代表性的老字號日本料理店。在這裡能品嘗到使用最高級黑毛和牛製作的壽喜燒和涮涮鍋。午餐時段能以實惠價格享受到的「明治壽喜燒丼」和「百年牛丼」¥1870很受歡迎。由於丼飯菜單1日限定20份，所以建議大家要早一點來。

淺草　▶ MAP 附錄 P.17 A-2　🆓Ⓡ
☎ 03-3841-1114
🈺 無休　🕐 11:30～20:30　📍 台東区西淺草3-1-12　🚉 筑波快線淺草站A2出口即到　🅿 無

在蕎麥麵店久待不走俗稱「蕎麥麵店的長屁股」，是典型不識相的行為！通達人情的江戶人便會咻咻地快速動手吃完並離開。

Healthy

關鍵字是萌斷面X健康

現今的人氣時尚三明治

拍起來也十分上相！分量也很充足♡ 並且還兼顧健康！
匯集了斷面色彩繽紛鮮明、現今人氣超高的時尚三明治♪

擁有大量蔬菜
令人大大滿足的素三明治！

menu
中東蔬菜球
三明治
¥930

1. 在店門櫃檯點餐，亦可外帶　2. 店內整體陳設簡單又可愛　3. 裡頭
有著各種食材與醬汁的三明治　4. 不添雞蛋、乳製品、砂糖的「Vegan
霜淇淋」¥650

Ballon
バロン

+ SoftCream

這裡有堅持使用有機食材，並以顧客為考量所製作
的三明治。完全不使用肉製品的「中東蔬菜球三明
治」，明明只有蔬菜，吃起來卻相當有飽足感！

中目黑 ▶ MAP 附錄 P.18 A-4
☎03-3712-0087 休不定休 ⏰11:30～17:30 📍目黑區中目
黑3-2-19 ラミアール中目黑104 🚃東急東橫線、地鐵中目黑
站東口2號出口步行4分 Ｐ無

& sandwich.
アンドサンドイッチ

位在新宿御苑前的三明治專賣店。15種以上新鮮蔬
菜和手作醬汁的組合超棒。因為分量也很充足，所
以雖然是走健康路線但卻又能吃得飽！

新宿 ▶ MAP 附錄 P.18 B-2
☎03-6709-9455 休週一（逢假日則翌日休） ⏰9:00～17:00
（週六日、假日為8:30～） 📍新宿區新宿1-5-7 スキラ御苑1F
🚃地鐵新宿御苑前站1號出口即到 Ｐ無

配上咖啡一起，悠閒地在公園……
不論任何場景都很適合的三明治！

+ Drink

1. 夾入大量蔬菜的三明治　2.「冰紅茶」¥539，套餐價¥385　3. 有
桌椅座與吧檯座　4. 新宿御苑就在眼前

menu
蔬菜
三明治
¥1628

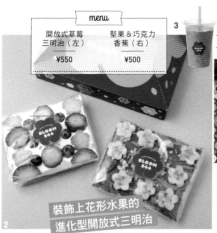

menu

開放式草莓 三明治（左）	堅果＆巧克力 香蕉（右）
¥550	¥500

3

＋Smoothie

裝飾上花形水果的
進化型開放式三明治

1. 藍色屋簷為店家標記
2. 在鬆鬆軟軟的麵包上
鋪滿大塊水果的開放式
三明治　3. 水果昔
「綜合莓果」¥400

BLOOM244
ブルームにーよんよん

這家店販售使用每日採購自市場的
嚴選食材所製作的開放式水果三明
治，以及種類豐富的餅乾，都很受
歡迎。開放式三明治為凸顯水果風
味，使用店家自製的低甜度鮮奶
油。因外觀可愛而人氣沸騰！

新大久保 ▶ MAP 附錄 P.4 B-2
☎03-6304-0898 休無休 ⏰12:00～
19:00（售完打烊）
📍新宿区百人町2-11-2
🚃JR新大久保站北口即到 🅿無

EBISU BANH MI BAKERY
エビスバインミーベーカリー

店內員工在越南北部廣受好評的
「HUNG YEN BAKERY」進修。特
徵是在店裡製作的自製越南麵包相
當美味。裡面的食材也是使用向當
地人學來的食譜做法製作，因此能
享受到道地的越南法國麵包。

惠比壽 ▶ MAP 附錄 P.19 C-3
☎03-6319-5390
休無休
⏰11:00～20:00（售完打烊）
📍渋谷区恵比寿1-8-14 えびすストア内
🚃JR惠比壽站西口即到 🅿無

4

1. 夾入醋漬紅、白蘿蔔
等食材　2. 充滿異國風
情的店面　3. 麵包是每
天從麵團開始製作的
4.「青木瓜火腿沙拉」
¥410（套餐價¥300）

完整重現正宗道地的美味！
當地人也認可的越南法國麵包

menu

越南法國麵包 西貢
¥780

使用絕品吐司製作的
奢侈水果三明治

4

＋Bread

1. 咖啡磨入口。烘焙麵
包店入口在另一邊　2.
統一採用北歐設計家具
的店內　3. 使用新鮮水
果的水果三明治　4. 人
氣「方形吐司」1條¥
1080

menu

水果三明治
¥2200

CENTRE THE BAKERY
セントルザベーカリー

販售吐司與三明治等的店家。追求
吐司專賣店才有的「真正美味的吐
司」。「歐姆蛋三明治」¥990和
「水果三明治」很受歡迎。

銀座 ▶ MAP 附錄 P.9 C-2
☎03-3567-3106 休無休
⏰9:00～18:00，烘焙麵包店為10:00～
19:00（售完打烊）
📍中央区銀座1-2-1 東京高速道路紺屋ビ
ル1F 🚇地鐵銀座一丁目站3號出口即到
🅿無

環遊多國的迷你之旅？
能品味外國氛圍的CAFE

在世界各地美食匯集之都——東京，有非常多氛圍讓人感覺好像到了另一個國家的咖啡廳。
不管怎麼取景都非常好拍。連細節都非常講究，店內營造的世界氛圍出色迷人。

Welcome!

與廚房設置在一起的
1樓吧檯座

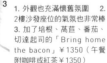

1. 外觀也充滿懷舊氛圍 2.
2樓沙發座位的氣氛也非常棒
3. 加了培根、萵苣、番茄、
切達起司的「Bring home
the bacon」¥1350（午餐
附咖啡或紅茶¥1350）

復古的美國風味！

California

BUY ME STAND 渋谷店
バイミースタンドしぶやてん

這家三明治店的薄荷綠牆壁配上復古經典風格的椅
子，散發著古早又美好的美式氛圍。菜單以點單後
用鐵板烤的熱三明治為主，依夾入的食材分別使用4
種不同的麵包，不管哪種都夾入大量食材，外觀也
很可愛！

渋谷 ▶ MAP 附錄 P.13 D-1

☎03-6450-6969　無休　8:00～16:00
渋谷区東1-31-19 マンション 並木橋302号室
JR渋谷站西口步行10分　P無

外國氣圍CAFE

Gourmet

更加深入地盡情享受星巴克

Starbucks Reserve® Roastery Tokyo

スターバックスリザーブロースタリートーキョー

Seattle

星巴克的體驗型店鋪。進到店裡會看到烘豆機與高17m的儲存桶，在此迎接來客。除了有咖啡飲品——使用在店裡烘焙、稀少且具有個性的豆子——也有提供茶飲、酒精性飲品等。

中目黑 ▶ MAP 附錄 P.18 A-3
☎03-6417-0202
休不定休
⏰7:00〜23:00
♀目黑区青葉台2-19-23
🚶東急東橫線、地鐵中目黑站東口1出口步行11分
P無

1. 1樓販售咖啡與商品　2. 1樓的「Prinici®」販售義大利烘焙麵包店的麵包　3. 外觀設計令人印象深刻　4. 「Barrel Aged Cold Brew」¥1350　5. 「Starbucks Reserve Espresso Martini Flight」¥3300

服飾品牌經手的店內裝潢，必定會讓大家想拍下上傳社群曬照

加了酪梨的「Hella Green」¥1250

晚上的異國風情更加濃烈

1. 以「NEW YORK的飯店」為形象設計　2. 擁有散發高雅氣息的陳設與可愛雜貨等，相當講究的空間　3.「煙燻鮭魚與鮭魚卵的奶醬蛋包飯」¥1800（週六日、假日為¥2100）

宛如飯店的美食咖啡廳

New York

EMANON THE SOUL SHARE KITCHEN

エマノンザソウルシェアキッチン

店內陳設沉著穩重，是以飯店為形象設計的寬敞空間。在這間以「分享」為理念的咖啡廳，令人想與朋友或家人一同享用主廚講究的義大利菜，共享愉快的時光。

澀谷 ▶ MAP 附錄 P.13 D-3
☎03-3780-2511
休週一 ⏰11:30〜22:00（週日為〜21:00）
♀渋谷区南平台町7-1 🚶JR澀谷站西口步行9分 P無

79　「BUY ME STAND 渋谷店」的「Breakfast Plate」¥750（8〜11時）也非常受歡迎。

現烤麵包
香噴噴的味道
會勾起食慾呢

不論何時都想吃麵包！

從早到晚烘焙麵包店！

擺滿剛出爐的麵包，店裡充滿濃濃的醇郁香氣。一大早開門，營業到晚上，
隨時都能買到麵包的烘焙麵包店就在這裡。一整天都可以大啖麵包！

The bread was baked!

menu

鮮蝦＆酪梨
開放式三明治

¥1700

1. 比利時具代表性的鄉土料理「開放式三明治（tartine）」。
酪梨醬上鋪滿鮮蝦，風味清爽的羅勒油與帶有酸味的番茄莎莎
醬更添美味 2. 店內擺放著比利時的古董家具 3. 通常有30種
以上的麵包 4. 店面設計平易近人

opening time
9:00
～
21:00

使用有益身心的有機小麥

Le Pain Quotidien 東京ミッドタウン店
ルパンコティディアンとうきょうミッドタウンてん

發祥自比利時的烘焙餐廳，在「東京中城」的正面玄關誕
生了。除了使用有機小麥、活用食材的料理法所製作的麵
包和糕點之外，這裡也有種類豐富的塔點等甜點類商品。
此外，還有首次於世界登場的晚餐菜單，也請別錯過以肉
類為主、分量十足的料理。

匯集每日生活都會想吃的麵包。外帶
就不用多說，咖啡廳菜單也請大家一
定要品嚐看看

六本木 ▶ MAP 附錄 P.14 A-2

☎03-6804-5879 休不定休（準同東京中城的公休日）
⏰8:00～20:00（飲品為～20:30）📍港区赤坂9-7-3 ミッドタウン・
ウエスト プラザ1F 🚇直通地鐵六本木站8號出口 Ｐ390輛

1. 位在表參道巷弄內、以白色為基調的簡單外觀。亦有露臺座位
2. 店內環境舒適宜人　3.「生火腿莫札瑞拉起司帕尼尼」與拿鐵咖啡的套餐為￥1500

會造成排隊人潮的表參道名店

BREAD, ESPRESSO &

パンとエスプレッソと

9:00〜19:00

以硬式麵包為主，大家會為富有嚼勁又酥脆好咬的麵包而來，接連多日都有許多人到訪。亦設有能品嚐美味麵包與咖啡的咖啡廳。

表參道 ▶ MAP 附錄 P.10 B-1
☎03-5410-2040　休無休　⏰8:00〜18:30
♀渋谷区神宮前3-4-9　🚇地鐵表參道站A2出口步行5分
Ｐ無

1. 布列塔尼地區具代表性的糕點——法式焦糖奶油酥餅，以巧克力搭香蕉的最強組合方式登場　2. 可謂是店家代名詞的「可頌」¥313　3.「開心果唱片麵包」¥432

在世界上受到各地人們喜愛的可頌

GONTRAN CHERRIER 青山店

ゴントランシェリエあおやまてん

7:30〜19:30

在世界各地開設了60間店鋪的人氣烘焙麵包店。除了經典商品可頌之外，還有種類豐富的麵包。2樓還有提供餐廳菜單與飲品。

表參道 ▶ MAP 附錄 P.11 C-3
☎03-6450-6184　休無休　⏰7:30〜19:30　♀渋谷区神宮前5-51-8 ラ・ポルト青山1-2F　🚇地鐵表參道站B2出口步行3分　Ｐ無

每天吃也不會膩！

365日

さんびゃくろくじゅうごにち

販售使用北海道產的麵粉「北國之香」等優質日本產食材所製作的麵包。通常會有60〜70種。

代代木公園 ▶ MAP 附錄 P.12 A-3
☎03-6804-7357　休2月29日　⏰7:00〜19:00　♀渋谷区富ヶ谷1-2-8　🚇地鐵代代木公園站1號出口即到　Ｐ無

1.「巧克力脆鬆餅」¥454
2. 可愛的「檸檬牛奶法國麵包」¥368 3.口感Q彈的「100%＝百分之百麵包」¥324

在人氣烘焙麵包店購買喜歡的麵包，在東京觀光的空檔中品嚐很不錯，在飯店吃也很棒！當然當作伴手禮送人也很可以。

有如藝術品的麵包世界

AMAM DACOTAN 表参道店

アマムダコタンおもてさんどうてん

除了色彩豐富的鹹麵包之外，還有意識到食物浪費而誕生的永續麵包等，陳列著100種以上的麵包。

表參道 ▶ MAP 附錄 P.11 C-2
☎03-3498-2456　休不定休　⏰11:00〜20:00（售完即打烊）　♀港区青山3-7-6　🚇地鐵表參道站B2出口即到　Ｐ無

1.「羅馬生乳包」¥389
2.「DACOTAN漢堡」¥605 3.「雲仙火腿庫克太太三明治」¥421

「BREAD, ESPRESSO &」的鐵板法式吐司（15時〜供應）也超受歡迎。因為必定會售完，所以能吃到的話是很幸運的呢。

Pancake

網羅眾多美食！

光看也覺得好幸福

We Love ♡ 鬆餅

熱潮自表參道蔓延開來的鬆餅已成為經典甜點。從有著大量鮮奶油的鬆餅，到口感鬆軟的鬆餅，種類也相當豐富！

分量滿滿且風味爽口

鬆鬆軟軟的極致口感！

A
北海道頂級鬆餅
¥1760

招牌菜單鬆餅，帶點微微香甜與令人懷念的風味，附有十勝紅豆與奶油等配料

C
大納言紅豆加黑蜜的黃豆粉抹茶鬆餅
¥1900

疊了三層的厚鬆餅，再加上煮得蓬鬆柔軟的大納言紅豆等配料

魔法般地軟嫩

B
幸福鬆餅
¥1200

這裡的鬆餅特色是在徹底控溫的鐵板上，花20分仔細煎烤而成

C 紅鶴
べにづる

使用米粉製作鬆餅麵糊，鬆餅的特色是口感輕柔，很受大家喜愛。想吃鹹食口味的話，則推薦「培根與煎蛋」¥2000。因為要預約到店用餐的時間，所以開店前便會有排隊人潮，建議要盡早前往。

淺草 ▶ MAP 附錄 P.17 A-3 ©®
☎03-3841-3910
休週三
🕐10:00～16:00（預約受理為8:30～）
📍台東區西淺草2-1-11
🚃筑波快線淺草站A2出口步行3分 🅿無

B 幸せのパンケーキ
表参道店
しあわせのパンケーキおもてさんどうてん

這間店的特色會是花上約20分仔細地將鬆餅煎得鬆鬆軟軟。入口即化的口感，豐富的風味在口中散發開來。店家對鬆餅麵糊和配料食材也很講究。

表参道 ▶ MAP 附錄 P.10 B-2
☎03-3746-8888 休不定休 🕐10:00～18:15（週六日、假日為9:00～18:40）
📍渋谷区神宮前4-9-3 清原ビルB1
🚃地鐵表參道站A2出口即到 🅿無

A 椿サロン 銀座店
つばきサロンぎんざてん

來自北海道的鬆餅店，堅持採用北海道產的食材原料，在這裡能享受到完全無添加物的鬆餅。此外，也一定要嚐嚐北海道鬆餅夾入鮮奶油的「椿三明治」。

銀座 ▶ MAP 附錄 P.8 B-2
☎03-6263-9450
休無休
🕐11:00～18:00
📍中央区銀座6-6-19 新太炉ビル3F
🚃地鐵銀座站B7出口即到 🅿無

分量超多的
鮮奶油帶來
強力視覺衝擊！

煎烤2次孕育出獨特的口感

E
夏威夷豆醬鬆餅
¥1350

人氣No.1菜單！鬆餅會
煎烤2次，因而擁有輕盈
蓬鬆的口感

口感鬆軟輕柔又Q彈軟嫩的鬆餅

D
**草莓、鮮奶油
和夏威夷豆**
¥1380

這款鬆餅的特色是有著
高約15cm、滿滿的鮮奶
油。甜度較低因此能一下
就吃光光！

大家最喜歡
的鬆餅
拍照也超上相♪

F
**鬆鬆軟軟的
瑞可塔起司鬆餅**
¥1350

奢侈地使用嚴選的瑞可塔
起司，口感鬆軟的鬆餅

F MICASADECO&CAFE
神宮前
ミカサデコアンドカフェじんぐうまえ

在大阪難波以「鬆鬆軟軟的瑞可塔
起司鬆餅」造成話題的店家，在東
京也擁有超高人氣！除了鬆餅之
外，也推薦口感鬆鬆軟軟的「鬆餅
馬芬」與鹹食菜單。

表參道 ▶ MAP 附錄 P.10 B-4
☎03-6803-8630
休無休 ⏰11:00～17:00（週六日、假日
為10:00～18:00）
♀渋谷区神宮前6-13-2
🚇地鐵明治神宮前
〈原宿〉站7號出口
步行7分
🅿無

E RAINBOW PANCAKE
レインボーパンケーキ

由曾住在夏威夷的老闆夫婦所經營
的「裏原區域」排隊店家。細心煎
烤的鬆餅，能享受到其鬆軟Q彈的
口感。鹹食口味的菜單也很豐富。

表參道 ▶ MAP 附錄 P.10 B-3
☎03-6434-0466
休週二、三（逢假日則翌平日休）
⏰10:00～17:00
♀渋谷区神宮前4-28-4
🚇地鐵明治神宮前〈原宿〉站5號出口步
行3分
🅿無

D Eggs'n Things
原宿店
エッグスンシングスはらじゅくてん

為鬆餅熱潮先驅、來自夏威夷的人
氣店家。在店內能享受到夏威夷的
氛圍。能挑選午餐肉、起司等食材
做為配料的雞蛋料理也堪稱絕品！

表參道 ▶ MAP 附錄 P.10 B-3
☎03-5775-5735 休不定休 ⏰8:00～
21:30 ♀渋谷区神宮前4-30-2 🚇地鐵
明治神宮前〈原宿〉站5號出口即到 🅿
無

「紅鶴」僅接受從8:30開始於店門前預約，能從10～16時之間挑選喜歡的時間。

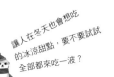

讓人在冬天也會想吃的冰涼甜點，要不要試試全部都來吃一波？

Cool & Sweet

天氣熱想吃，天氣冷也想吃！

融化在冰涼的甜點♡

逛累的時候，就用冰涼香～甜的甜點來補充能量！
從義式冰淇淋到刨冰，百花爭妍。不由得為其水準之高而感動。

3

濃郁義式冰淇淋

義大利王室喜愛的

Giolitti Cafe 有楽町店
ジョリッティカフェゆうらくちょうてん

初次在新宿展店的羅馬老字號義式冰淇淋品牌「Giolitti」，於全球首次推出的咖啡廳。在這裡能享用大家熟悉的義式冰淇淋，以及義大利甜點、義大利麵、羅馬風披薩等原創料理。

有楽町　▶MAP 附錄 P.9 C-2

☎03-6259-1366　休不定休（準同有樂町丸井的公休日）　⏰11:00～20:00（週五六、假日前日為～21:00）
📍千代田区有樂町2-7-1 有樂町マルイ3F
🚃JR有樂町站中央口即到
🅿243輛

1. 象徵色綠色的華麗椅子　2. 遵循正宗道地食譜的「羅馬風奶油培根義大利麵」¥1540　3. 充分發揮食材風味的高品質「義式冰淇淋」¥715～。亦可選擇杯裝

4

Terrine

ATELIER MATCHA
アトリエマッチャ

創業160年的製茶批發商「山政小山園」推出的抹茶咖啡廳。以「MACHA的第三波浪潮」為概念，供應能輕鬆開心地品嚐高級茶葉的「GOCHISOU抹茶飲品」等。在氛圍穩重沉靜的店裡，能盡情地細細品味抹茶。

人形町　▶MAP 附錄 P.5 C-2

☎03-3667-7277
休週二　⏰11:00～17:45　📍中央区日本橋人形町1-5-8　🚃地鐵人形町站A6出口即到　🅿無

1.「MATCHA蕨餅紅豆」¥850，基底是以蕨餅、鮮乳、抹茶調和出的飲品　2. 店內裝潢簡單又時髦。窗邊有簷廊　3. 位在下町──人形町一帶　4. 與Toshi Yoroizuka聯名推出的「至高MATCHA法式凍派」¥980

老字號茶鋪傳達的新式抹茶體驗

1

4 也推薦這裡的鬆餅！

3 1

蓬鬆輕柔的泡沫鮮奶油，美味到不想告訴任何人！

冰涼的甜點

Gourmet

Parlor Vinefru 銀座
パーラービネフルぎんざ

使用店家自製的泡沫鮮奶油與水果醋製作的刨冰。入口瞬間即化的泡沫鮮奶油與冰涼的刨冰組合起來風味絕妙。還有販售與人氣菜單「草莓與開心果泡沫鮮奶油刨冰」使用相同食材的鬆餅。

■ **銀座** ▶ **MAP** 附錄 P.9 C-4
☎070-5517-9506 休週三（此外有不定休※需於店家社群確認） ⏰11:00～18:45 ♀中央区銀座1-20-10 トマトハウス3F ♚地鐵銀座一丁目站10號出口步行7分 **P**無

1. 店內的裝潢陳設也很可愛　2. 有如隱居銀座般的氛圍　3.「草莓與開心果泡沫鮮奶油刨冰」¥1870，伊朗產生開心果的泡沫鮮奶油和草莓果醬很對味　4.「黃豆粉求肥鬆餅」¥1540

嚴選！
蓬鬆輕柔的刨冰

正在大熱潮中的刨冰。這裡從諸多濟濟店家之中，挑選出連日造成排隊人潮的人氣店家。因為太過好吃，讓人好像也要融化其中啦！

大貓熊の草莓
¥1700

這款刨冰加了湯島和菓子店「つる瀨」的豆沙。內容視季節而異

令人不禁展露笑容的可愛刨冰

SAKANOUE CAFE
サカノウエカフェ

位於湯島天神與神田明神正中間一帶的咖啡廳。店內小巧舒適、氛圍寧靜，在這裡能享受到可愛又蓬鬆輕柔的刨冰。

■ **湯島** ▶ **MAP** 附錄 P.5 C-2
☎不公開（此外有不定休） ⏰11:00～18:00（週四、五為～19:00） ♀文京区湯島2-22-14 ♚地鐵湯島站3號出口步行3分 **P**無

提拉米蘇
¥1150

加了大量的馬斯卡邦起司醬與可可粉，讓人一吃就停不下來

以使用日式和西式食材製作的講究淋醬自豪

和kitchenかんな
わキッチンかんな

融合日式和西式食材製作而成的淋醬誕生自店家的各種創意，是令人無法抗拒的美味。經常備有10種以上的口味，每月登場的新菜單也廣受好評。

■ **三軒茶屋** ▶ **MAP** 附錄 P.4 A-4
☎03-6453-2737 休週三 ⏰11:00～18:30（視季節而異） ♀世田谷区下馬2-43-11 2F ♚東急田園都市線三軒茶屋站步行10分 **P**無

ひみつの
草莓牛奶刨冰
¥1400

充滿自然美味的酸甜草莓糖漿與低甜度煉乳非常相搭

等3小時是理所當然！？使用天然冰的超好吃刨冰

ひみつ堂
ひみつどう

使用古早的手動式機器，將日光製冰廠「三ツ星氷室」的天然冰刨得纖細的刨冰，有10種以上的口味。凝聚食材風味的糖漿也非常美味。

■ **日暮里** ▶ **MAP** 附錄 P.16 A-1
☎03-3824-4132 休週一（8月為無休，10～5月為週一、二） ⏰10:00～18:00左右（視季節而異） ♀台東区谷中3-11-18 ♚JR日暮里站西口步行5分 **P**無

「ひみつ堂」的隱藏人氣菜單為冬季限定的「焗烤」！

special time...

Hotel Lounge

品味奢華時光的下午茶

在憧憬的飯店來場下午茶時光

午後片刻，在憧憬的豪華飯店品嚐奢華的下午茶。
在高級空間裡度過下午茶時光，感覺簡直就像是英國貴族一般！

Stand Style ¥7150～／
週六日、假日¥7700～（服務費
另計）

● 鹹點5種…當季湯品、法式
鹹派等　● 小蛋糕5種…當季
甜點　● 司康2種…當季司康
● 飲品24種…經典紅茶、香草
茶、咖啡等
※圖片僅供參考

3

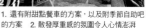

2

1. 還有附甜點餐車的方案，以及附季節自助吧
的方案　2. 散發厚重感的氛圍令人心情澎湃

甜點與出色的裝潢陳設
廣受公認好評的Lounge

5

4

3. 3層的午茶架上盛裝著甜點、司康、鹹點，而
法式鹹派與湯品則以其他容器裝盛供應　4.
位在海岸邊的好地點　5. 裝潢陳設一致充滿
著高級感

📍東京灣洲際酒店

New York Lounge

ニューヨークラウンジ

在充滿紐約風格、氛圍高雅的空
間，能享受到將當季的水果及食材
創意進化而成的下午茶。還有能挑
選每季精選紅茶的方案。小蛋糕和
鹹點每個都風味高雅。

竹芝　▶MAP附錄 P.5 C-3　Ⓡ
☎0570-000222　休無休　⏰11:30～
21:30※下午茶為～19:30　📍港区海岸
1-16-2 ホテル インターコンチネンタル
東京ベイ1F　🚃百合海鷗號竹芝站即到
Ⓟ175輛

擺滿一流主廚自信之作的玻璃盤相當吸睛

櫻花草莓的典雅下午茶
¥7200（含服務費）
●甜點5種⋯櫻餅玻璃杯點心、櫻花草莓慕斯、草莓與紅寶石巧克力慕斯佐橘子與柚子果醬等
●鹹食3種⋯鮭魚與蒔蘿奶油馬鈴薯的櫻花可麗捲、煙燻鴨佐草莓與庫斯庫斯塔布勒沙拉等
※供應至2023年5月7日

1. 展現職人精緻技巧的一盤，每次都隱藏著驚喜與樂趣，因此敬請期待！　2.店內高挑寬敞又摩登

♀ 東京康萊德酒店

TWENTYEIGHT
トゥエンティエイト

擁有能從28樓眺望東京灣與濱離宮的絕佳位置。這裡的下午茶會隨季節設定主題。由糕點主廚親手製作的甜點＆鹹點，會裝盛在玻璃盤上供顧客享用。

[汐留] [MAP] 附錄 P.5 C-3　Ⓡ
☎ 03-6388-8745　🏠 無休　🕙 10:30～21:30（週三～六為～22:30）※下午茶為11:00～16:30　♀ 港区東新橋1-9-1 コンラッド東京28F　🚃 百合海鷗號、地鐵汐留站即到　🅿 250輛

全是四季交織出的逸品
週末才有的樂趣

下午茶
¥5800（含服務費）
※週六日、假日限定
●甜點8種左右⋯泡芙等
●鹹點3種⋯布里歐開放式三明治
●司康2種⋯原味等
※飲品約15種⋯能自由選擇喜歡的飲品

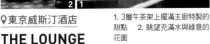

♀ 東京威斯汀酒店

THE LOUNGE
ザラウンジ

週末限定的下午茶，有秘藏泡芙等超多飯店自豪的甜點。能從約15種紅茶中挑選喜歡的紅茶或推薦茶品等飲品也頗具魅力。

[惠比壽] [MAP] 附錄 P.19 C-4　Ⓡ
☎ 03-5423-7287　🏠 無休　🕙 10:00～22:30※下午茶為週六日、假日限定，12:00～17:00間採3次替制
♀ 目黒区三田1-4-1 ウェスティンホテル東京1F
🚃 JR惠比壽站東口步行7分　🅿 200輛

1. 3層午茶架上擺滿主廚特製的甜點　2. 眺望充滿水與綠意的花園

櫻花下午茶
¥7480（服務費另計）
●司康3種⋯櫻花、艾草等
●甜點5種⋯櫻花餡串糰子、馬斯卡彭起司慕斯佐櫻花醬等
●鹹點4種⋯櫻香煙燻鮭魚手毬壽司等　●飲品
※2023年4月限定

分量十足的正統下午茶令人讚不絕口

1. 歐洲風格的裝潢陳設令人印象深刻　2. 因為分量十足，所以要空腹去吃。還能品味到有機紅茶

♀ 東京香格里拉

THE LOBBY LOUNGE
ザロビーラウンジ

令人聯想到度假村的空間，正是大人喜歡的風格。品嚐使用當季食材製作的甜點和鹹點的下午茶，度過一段優雅的午茶時光。

[東京站] [MAP] 附錄 P.7 C-3　Ⓡ
☎ 03-6739-7877　🏠 無休　🕙 7:00～18:00（週三～六為～23:30）※有可能變更　※下午茶為14:00～17:30（週六日、假日為13:00～）　♀ 千代田区丸の内1-8-3 丸の内トラストタワー本館28F　🚃 JR東京站日本橋口即到　🅿 100輛

東京鐵塔
還有彩虹大橋…
來沉醉在絕景之中吧

盡情享受東京獨有的景色與美食！

決定在<u>夜景餐廳</u>Dinner！

難得的晚餐時光，稍微揮霍一下前往能看見超美夜景的餐廳。
要不要試著來眺望著燦爛的景色，浪漫地度過大人之夜呢？

1. 整面牆都是透明玻璃，能欣賞到全景景色　2. 也很推薦夕陽時分的景色

Great view...!!

夜景Point!
面窗的雙人座位，是欣賞眼前鮮明夜景的特等席

在一流飯店的高樓層對著東京鐵塔乾杯

Sky Lounge Stellar Garden
スカイラウンジ ステラガーデン

位在「東京皇家王子大飯店花園塔」33樓的酒吧宴會廳。從大片的窗戶，能望見魄力十足的東京鐵塔美景。酒精性飲品就不用多說，也有豐富的餐點菜單，這是飯店酒吧才有的特點。

六本木　▶ MAP 附錄 P.15 D-3　ⒼⓇ

☎03-5400-1170　無休　17:00～22:30（週五、六為～翌0:30）※有可能視狀況變更　港区芝公園4-8-1 ザ・プリンスパークタワー東京33F　地鐵赤羽橋站赤羽橋口即到　P386輛

Dinner menu

Twilight Plan

¥7000

飲品免費暢飲並附有飯店主餐料理，為限定平日17時～19時入店的方案。週六、日也有能確保靠窗座位的方案（¥12000）

圖片僅供參考

望著精彩非凡的夜景，
度過優雅的台場之夜

Cafe La Bohème Odaiba

カフェラボエムおだいば

擁有海景餐廳、主餐廳、酒吧式貴賓廳3
種氛圍各異的房間。午餐、晚餐都很講究
食材，供應道地的義大利麵、披薩、葡萄
酒等。亦推薦4位起就可以點的喝到飽派
對方案。

台場 ▶ MAP 附錄 P.21 B-4

☎050-5444-6478
休無休 ⏰11:00～23:00
📍港区台場1-7-1 アクアシ
ティお台場4F
🚌百合海鷗號台場站即到
🅿約900輛

Dinner menu

蒸煮雞肉與青蔥和風醬

¥1155

口感Q彈的義大利麵是
義產的「Voiello」。
還可加點溫泉蛋或白蘿
蔔泥等配料擺在麵上
（需另付費）

夜景Point!
能近距離望見彩虹
大橋的窗邊座位相
當受歡迎，因此需
預約

1. 暖色調的間接照明，
讓空間變得很有氣氛
2. 約會或女孩聚會等，
豪華的店內陳設能對應
各種場合

一邊看著丸之內車站建築，
一邊品嚐道地的拿坡里披薩

ISOLA SMERALDA

イゾラスメラルダ

可豪華擺宴也可輕鬆品味正宗義大利菜的
店。店家自豪的柴火窯是正宗義大利工匠
直接到場打造而成的，所烤製出來的披
薩，現烤出爐又富含嚼勁，堪稱絕品。

東京站 ▶ MAP 附錄 P.6 B-3

☎03-5288-6228 休不定休
⏰11:00～14:30、17:30～22:00（週六日、假日為
11:00～15:30、17:00～21:30）
📍千代田区丸の内2-4-1 丸ビル5F
🚌JR東京站丸之內南口即到 🅿997輛

夜景Point!
從露臺座位能不透過玻璃直
接看見車站建築的北圓頂

1. 舒適的露臺座位很受歡迎，還
能近距離看著丸之內車站建築
2. 從靠窗座位也能望見車站建築

Dinner menu

瑪格麗特披薩

¥2000

以400度高溫烤製而
成、店家自豪的披薩。
是對小麥粉和食材也很
講究的道地披薩

較晚用餐
或是飯後甜點等
想要再多享受一些夜晚時光！

Good Night

想徹夜不眠的日子，酒與甜點是不可或缺的

在深夜咖啡廳度過舒適放鬆的TIME

吃了晚餐但還不想回飯店……。為大家挑選出在這個時候可前往的咖啡廳。
能享受酒精性飲品和甜點，環境又超級舒適！看起來好像會不小心就待很久呢。

最晚入店 21:00（週日、假日為20:30）

CANAL CAFE
カナルカフェ

在都心內少見的水岸義大利餐廳裡的咖啡區。餐廳菜單以自助餐的方式供應。要不要來這充滿著寬敞開放感的甲板側，在此度過恬靜溫和的夜晚呢。

飯田橋 ▶ **MAP** 附錄 P.19 D-2
☎03-3260-8068
休 不定休 ⏰11:30～21:00（週日、假日為～20:30）📍新宿区神楽坂1-9 🚉JR飯田橋站西口即到 🅿無

66 在絕佳地點度過
雀躍不已的最棒夜晚 99

1. 夜晚會點亮照明，顯得更加漂亮 2. 穿過大門，走下階梯便會聞到空氣中飄散著烤披薩的香氣 3. 附焙茶義式冰淇淋的「蒙布朗」¥1200

Pancake

3. 擁有穩固人氣的「熱拿鐵」¥638 4. 使用舒芙蕾麵糊製作的「莓莓鬆餅」¥1518

66 紐約風格的
ESPRESSO咖啡廳 99

最晚入店 22:00

ESPRESSO D WORKS
エスプレッソディーワークス

舒芙蕾、荷蘭寶貝鬆餅等，鬆餅備有5種口味，一直都會有小酌後想以甜點當作結尾的人來到這裡。配上用「ALL PRESS」的豆子沖泡的拿鐵，或酒精性飲品一同享用吧。

惠比壽 ▶ **MAP** 附錄 P.19 C-4
☎03-6447-7277
休 不定休 ⏰11:00～22:00
📍渋谷区恵比寿1-22-19 プライムメゾン1F
🚉JR惠比壽東口6分 🅿無

1. 整體以黑色統一調性，雅致的外觀 2. 使用25萬個咖啡豆設計的牆面藝術也很引人注目！

★ ★

打烊 夜2:00（週五六、假日前日為翌4:00）

宇田川カフェ 別館
うだがわカフェべっかん

以深夜咖啡廳始祖聞名的「宇田川カフェ」之2號店。店內播放以「戀人搖滾」為主題的優質音樂。店內的甜點是每天從姊妹店的甜點店送來的。

澀谷 ▶ **MAP** 附錄 P.13 C-2

☎03-3464-9693 休無休 🕐18:00～翌2:00（週五為～翌4:00，週六、假日前日為12:00～翌4:00，週日、連休最終日為12:00～翌2:00）※皆為打烊時間 ♀渋谷区宇田川町36-3 營和ビル5F 🚉JR澀谷站八公口步行7分 🅿無

Cheese cake

66 深夜咖啡廳源自澀谷
這家店便是其先驅之姊妹店 99

1. 店內的一整面牆壁上裝飾著大朵花卉的圖畫　2. 很有氣氛的吧檯座　3.「宇田川起司蛋糕」￥550，佐醬有藍莓和草莓可供選擇　4.「澀谷啤酒」￥1034

最晚入店 22:00

tokyo salonard cafe：dub
トウキョウサロナードカフェダブ

位於屋齡50年的大樓2樓，是只有內行人才知道的隱密咖啡廳。店內陳設著古董家具，在燈光微暗的挑高寬敞空間中，充滿隱密感，讓人能不在意周圍，舒適地度過時光。

澀谷 ▶ **MAP** 附錄 P.13 C-3

☎03-3463-0724 休無休 🕐12:00～22:00 ♀渋谷区道玄坂1-11-4 富士商事ビル2F 🚉JR澀谷站步行3分 🅿無

66 改造原為脫衣舞
劇場的空間！99

French toast

1. 運用原為脫衣舞劇場的空間所打造出的寬敞格局　2. 脫衣舞劇場時代使用的櫃檯，以原貌保留下來　3.「獨步啤酒」￥900　4. 口感表面酥脆，裡面鬆軟的「法式吐司」￥900

66 位在大樓最高樓層，
日式摩登風格的咖啡廳 99

mille-feuille

1. 店內陳設著時尚的繪畫與擺飾　2. 亦有許多單獨前來的客人　3.「原創西班牙水果酒」￥880　4. 能依季節享受的「各種季節蛋糕」￥680～

最晚入店 22:30

ANALOG CAFE/ LOUNGE TOKYO
アナログカフェラウンジトウキョウ

走上惠比壽站前的住商混合大樓樓梯，前進4樓。一推開門，布置著日式舊家具和欄間的復古摩登空間，令人心動雀躍。來享受店家自製的甜點和酒精性飲品完美結合吧。

惠比壽 ▶ **MAP** 附錄 P.18 B-4

☎03-3760-0955 休無休 🕐12:00～22:30 ♀渋谷区惠比壽南1-8-3 東亞惠比壽ビル4F 🚉JR惠比壽站西口到即到 🅿無

每間咖啡廳的甜點就不用多說，餐食菜單也相當豐富，因此可前來享用晚餐！

COLUMN
Coffee Stand

SOL'S COFFEE

ABOUT LIFE COFFEE

Tokyo Coffee

想推薦給咖啡因狂熱者

在東京要去的咖啡小站
在時尚的咖啡店喝咖啡

在東京陸續開了許多供應精品咖啡的咖啡店，咖啡產地就不用多說，對咖啡豆、製法與沖泡方式都很講究。

而這裡要為大家嚴選介紹，在這些咖啡店家中能輕鬆喝到道地美味咖啡的咖啡小站！拍起來超好看、外觀時尚的店家，以及稍微遠離的店家會喧囂、喘口氣放鬆的店家等，來遊逛看看充滿東京風格的時尚店家吧。

一定會找到散發著香醇氣息又美味的那一杯咖啡，令人想成為每日造訪的常客。

SPOT 1

人們聚集的街區咖啡小站

ABOUT LIFE COFFEE BREWERS
アバウトライフコーヒーブリュワーズ

這間店是位在奧澤的咖啡小站「ONIBUS COFFEE」的2號店。以「用細心沖泡的一杯豐富生活」為概念，講究凸顯咖啡原有的果香與特色。

渋谷 ▶MAP 附錄 P.13 C-3

☎03-6809-0751 休無休 ◎9:00～18:00（週六日、假日為11:00～） ♥渋谷区道玄坂1-19-8 ♥京王線澀谷站Avenue口步行4分、JR澀谷站八公口步行7分 P無

1. 騎自行車就能順道來去的輕鬆感也很令人欣喜 2. 「美式咖啡」（熱）¥540。使用店家原創調配的咖啡豆 3. 「冰拿鐵」（單份義式）¥572

ice latte

SPOT 2

讓人每天都會想順道一去的咖啡小站

SOL'S COFFEE
ソルズコーヒー

自家烘焙咖啡豆的咖啡店。使用嚴選自日本國內外的咖啡豆，供應「即使每天飲用也不會造成身體負擔」的咖啡。店內常備有8種單一產區咖啡豆，「本日咖啡」每天更換不同咖啡豆沖泡，請一定要試試。

藏前 ▶MAP 附錄 P.5 C-2

☎090-6496-5661 休無休 ◎8:00～16:00（週六日、假日為9:00～17:00） ♥台東区蔵前3-19-4 ♥地鐵藏前站A5出口步行3分 P無

1. 位在離藏前站很近的地方 2. 有如巴士站牌的招牌為店家的標記 3. 使用原創開發的鯖魚罐頭所製作的「和咖啡很搭的鯖魚三明治」¥700 4. 「本日咖啡」¥500

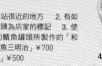

※「本日咖啡」僅供外帶，因此是用紙杯供應

能夠邂逅新發現的旅程

iscovery

05

前進東京獨有的
高質感時尚場所！
接觸藝術、 欣賞美景，
來度過大人的時光吧。

See a
superb
view!

東京晴空塔®
とうきょうスカイツリー
≫P.100

令人感動的藝術體驗就在這裡！
在六本木就該去的藝術SPOT

像是描繪三角形般，有3座知名美術館散布在六本木。
由於3座美術館各有不同的特色，亦推薦大家可逐個參觀比較一番。

1

《流線形優美的建築也很值得一見》

2

Point!
國內規模最大
的展示空間
1萬4000m²的空間
裡有12個展示室，
經常同時舉辦許多
展覽

3 建築本身也宛如作品之一。到了晚上，光線會從木材間隙透出的「光壁」。館內水泥厚實的質感與立體的結構相當吸睛

藝術鑑賞後
在咖啡廳休息

Goods這裡買！

SOUVENIR FROM TOKYO
スーベニアフロムトーキョー

除了美術館的原創商品之外，這裡還匯集了諸多日本國內外藝術家製作的個性商品。

☎ 03-6812-9933
📍 準同美術館
📍 国立新美術館B1-1F

1. 裁切成國立新美術館外型的「原創明信片」¥330
2. 「原創馬克杯」¥1728

國立新美術館
こくりつしんびじゅつかん

2022年迎來開館15週年，為六本木象徵標的般的存在。由世界知名建築家黑川紀章所設計的建築，特徵是擁有流線形的曲線和整面玻璃。可免費入館，因此能輕鬆地入內使用館內的餐廳、咖啡廳、禮品店。

六本木 ▶ **MAP** 附錄 P.14 A-3

☎ (+81) 47-316-2772（委外客服專線）
🗓 週二（逢假日則翌平日休） ⏰ 10:00～17:30（企劃展展覽期間的週五、六為～19:30）※視展覽而異
💴 視展覽而異 📍 港区六本木7-22-2 🚇 直通地鐵乃木坂站6號出口 🅿 無

森美術館
もりびじゅつかん

在洗鍊的空間中盡情享受現代藝術

位於「六本木新城森大樓」53樓，國際性的現代藝術美術館。建築、時尚、設計等，不拘類別地舉辦多元豐富又與眾不同的企劃展。

> Point!
> 閉館時間較晚
> 閉館時間為22時，因此也有人會選擇到這裡鑑賞藝術當作一日的句點

`六本木` ▶ MAP 附錄 P.14 A-3
☎03-5777-8600（委外客服專線）　休 不定休（展覽期間無休）　🕙10:00～21:30（週二為～16:30）　※可能會有變動　💴視覽覽而異　♀港区六本木6-10-1 六本木ヒルズ森タワー53F　直通地鐵六本木站1C出口　🅿2762輛

Goods這裡買！
森美術館禮品店
もりびじゅつかんショップ

除了有原創商品、藝術家限定商品、限量版次作品之外，還有販售陶瓷器、設計雜貨等。

「森美術館原創馬克杯」¥1320，全白的杯身配紅色的標誌令人印象深刻

☎03-6406-6280　休 無休　♀六本木ヒルズ ウェストウォーク3F

1. 位在森大樓最高樓層　2. 大樓外有專用入口「Museum Cone」

由經手打造新國立競技場的隈研吾所設計
©Keizo Kioku

> Point!
> 收藏國寶
> 在約3000件的館藏之中，還包含了貴重的國寶及重要文化財

三得利美術館
サントリーびじゅつかん

能接觸日本美術精髓

以「生活中的美」為基本理念，透過企劃展介紹繪畫、陶瓷等的魅力。美術館內亦設有匯集日式摩登商品的禮品店與「加賀麩 不室屋」推出的咖啡廳。

`六本木` ▶ MAP 附錄 P.14 A-2
☎03-3479-8600　休 週二、換展期間　🕙10:00～17:30（週五、六為～19:30）　💴視覽覽而異　♀港区赤坂9-7-4 東京ミッドタウン ガレリア3F　直通地鐵六本木站8號出口　🅿無

Goods這裡買！
美術館商店
ミュージアムショップ

除了有以館藏為主題的原創商品之外，這裡也匯集了能為生活增添色彩的商品。

🕙10:30～18:00（週五、六為～20:00）※展覽期間為11:00～

「色鍋島小皿」。佐賀鍋島燒中色彩特別鮮明的色鍋島

21_21 DESIGN SIGHT
トゥーワントゥーワンデザインサイト

從多個角度擷取設計的魅力

從設計角度擷取日常大小事，進行各種宣傳和提案。展覽、談話性活動、工作坊等，亦會舉辦多元性的專案活動。

`六本木` ▶ MAP 附錄 P.14 A-2
☎03-3475-2121　休 週二、換展期間　🕙10:00～18:30　💴視展覽而異　♀港区赤坂9-7-6　地鐵六本木站8號出口步行5分　🅿無

> Point!
> 著名設計師指導監督
> 由三宅一生創立，佐藤卓、深澤直人擔任總監

建築由安藤忠雄設計　Photo:Masaya Yoshimura

建築的特徵是有如將1片鐵板彎折而成的屋頂和挑高的空間
Photo: Masaya Yoshimura

Goods這裡買！
21_21 NANJA MONJA
トゥーワントゥーワンナンジャモンジャ

藝廊商店裡介紹充滿驚奇的獨特商品。亦有與展覽相關的商品。

🕙10:00～19:00

「21_21托特包」¥2970、「21_21筆記本」¥2530、「21_21標誌貼紙」¥330

Photo: Keizo Kioku

在「國立新美術館」內附設的「Salon de Thé ROND」，還會與企劃展一同推出聯名菜單。

5月18日「國際博物館日」前後還會
有導覽行程和免費開放參觀♪

Cultural Spot

有許多只有在此才能見到的名作

上野的博物館非常有趣！

著名美術館和博物館聚集的上野，是東京具代表性的文化景點。
在遊逛博物館的空檔，也順道去動物園看看大貓熊吧！

精彩看點

奧古斯特・羅丹
〈沉思者（原作放大）〉

1881-82年（原型）、
1902-03年（放大）、1926
年（鑄造）、青銅、國立西
洋美術館 松方收藏品

由羅丹的得力助手勒博塞
以原型為基礎放大製成的
作品

拍攝：©上野則宏

精彩看點

勒・柯比意設計的建築

2016年登錄為世界文化遺產。以帶有柱
子的「底層架空法」等建築手法為特色

精彩看點

克勞德・莫內
〈睡蓮〉

1916年、油畫、畫布、國
立西洋美術館 松方收藏品

印象派畫家莫內的作品。
大膽地省略花朵及水面倒
影的細節，是嶄新的表現
手法

1. 「托特包」¥1450，上有柯
比意的素描　2. 「沉思者便條
紙」¥503

照片提供：國立西洋美術館

在世界遺產之中
與那名作相遇

國立西洋美術館
こくりつせいようびじゅつかん

是日本國內唯一由法國建築師勒・柯比意
設計的美術館。以企業家松方幸次郎的收
藏品為主，展出從中世紀到20世紀之間的
西洋美術作品。

上野 ▶ **MAP** 附錄 P.16 A-3

☎050-5541-8600（洽外客服專線）
🕐週一（逢假日則翌平日休） ⏰9:30～
17:00（週五、六為～19:30） 💴500円等
（企劃展需另收費） 📍台東区上野公園
7-7 🚃JR上野站公園口即到 🅿無

在上野順道一去

可愛的大貓熊令人著迷♡

東京都恩賜上野動物園
とうきょうとおんしうえのどうぶつえん

1882年開園的日本第一座動物園。
除了人氣的大貓熊之外，還飼育著
亞洲象等世界各地的動物，在園內
各處能看見約300種3000隻的動物。

上野 ▶ **MAP** 附錄 P.16 A-3

☎03-3828-5171 🕐週一（逢假日則
翌日休） ⏰9:30～16:00
💴入園600円、國中生200円（於都內居
住或就學的學生免費）、65歲以上300円
📍台東区上野公園9-83 🚃JR上野站公園口步行5分
🔗https://www.tokyo-zoo.net/zoo/ueno/ 🅿無

在「貓熊森林」過得健
康有活力的蕾蕾（左）
和香香（下）

So
cute...!♡

照片提供：（公財）東京動物園協會

Go to art tour!

來一窺自然與生命
的祕密吧

國立科學博物館
こくりつかがくはくぶつかん

獲指定為重要文化財
的日本館建築

由可學習關於地球生命史與科學技術史的
「地球館」，以及能知曉關於日本列島之
自然與生物的「日本館」所組成。恐龍化
石與動物剝製標本之展示也請務必一見！

上野 ▶ **MAP** 附錄 P.16 B-3

☎050-5541-8600（委外客服專線） 休週一
（逢假日則翌日休） ⏰ 9:00～16:30
💴630円（特別展需另收費） 📍台東區上野公園
7-20 🚃JR上野站公園口步行5分 🅿無

精彩看點
日本館3F 北翼
鈴木雙葉龍
由高中生從日本約8500萬
年前的地層中所發現的蛇
頸龍化石

精彩看點
日本館2F 北翼
秋田犬小八
一直等候著飼主的狗狗，被大家親
暱地稱為「八公」

精彩看點
地球館 3F
大貓熊
上野動物園的童童（右）與飛飛
（左）之剝製標本

照片協助：國立科學博物館

GET博物館商品

1. 受歡迎的「吉祥物 秋田犬小八」
¥990 2. 身姿可愛的「吉祥物 鈴木雙葉龍」¥990

擁有諸多傳遞
東洋文化的貴重展品

東京國立博物館
とうきょうこくりつはくぶつかん

獲指定為重要文化財的本館

約12萬件館藏品中有89件國寶和648件重
要文化財（2022年3月時的數字），其所
擁有的收藏品之質、量皆為日本第一的博
物館。有「本館」、「東洋館」等6館。

上野 ▶ **MAP** 附錄 P.16 B-3

☎050-5541-8600（委外客服專線）
休週一（逢假日則翌日休）
⏰9:30～16:30 ※視時期而異
💴1000円 📍台東區上野公園13-9
🚃JR上野站公園口步行10分 🅿無

精彩看點
平成館考古展示室
重要文化財 埴輪 端坐巫女
古墳時代、6世紀 群馬縣大泉町
古海出土 東京國立博物館藏品
展示期間：～2023年11月26日
身著華服，腰間掛著鈴鏡，坐在椅子
上的高貴巫女

精彩看點
本館11室
千手觀音菩薩坐像
南北朝時代、14世紀、東
京國立博物館藏品 展示
期間：2024年1月2日～4
月7日
42隻手、頭部上方、台座
等，幾乎都保留著當時製
作的模樣

照片提供：東京國立博物館

GET博物館商品

1.「東京國立博物館原創
紙膠帶 20ｍｍ寬各
323×30ｍｍ寬各¥
463 2.「朝顔狗子
圖鑰匙圈」¥800

11月3日「文化之日」許多博物館會開放免費入館，因此確認一下可別錯過囉！

Beautiful Spot

不想告訴別人的私房景點

宛如電影世界！美麗的圖書館

精心打造得有如電影佈景般的美麗博物館，不僅巧妙設計了展示的方式，諸多貴重的藏品亦是令人嘆為觀止。來享受這般獨特的空間吧。

拍照也OK！
但不能開閃光燈
因此請多注意

東洋文庫博物館
とうようぶんこミュージアム

日本最古老、規模最大的研究圖書館，展示「東洋文庫」——東洋學領域圖書館所收藏的書籍與資料。亦為世界五大東洋學研究圖書館之一。陳列著約2萬4000本書籍的「莫理循書庫」是美麗書籍的博物館。將燈光照明降到極限的展示布置等相當值得一見。

1. 中庭是會令人忘記都會喧囂的恬靜空間　2. 通往「莫理循書庫」的樓梯前方為天花板挑高的寬敞空間。透過大面窗戶可望見中庭

▶ 駒込　▶ MAP 附錄 P.5 C-1

☎ 03-3942-0280　休 週二（逢假日則翌平日休）
🕙 10:00～16:30　¥ 900円、65歲以上800円、大學生700円、國高中生600円、小學生以下免費　♀ 文京区本駒込2-28-21
🚉 JR駒込站南口步行8分　🅿 8輛

優美如畫！漂亮的建築

來造訪由日本國內外著名建築師
經手打造的漂亮建築，
以及莊嚴又美麗的名建築吧

來欣賞洋館、
西式庭園以及
日式庭園吧

舊古河庭園
きゅうふるかわていえん

擁有洋館、西式庭園、日式庭園。在喬賽亞‧康德
設計的西式庭園裡有約100種200株的玫瑰。

上中里　▶MAP 附錄 P.5 C-1

☎03-3910-0394　休無休　⏰9:00〜16:30
￥150円，65歲以上70円，小學生以下、於都內居
住或就學的國中生免費　♀北區西ヶ原1
🚃JR上中里站步行7分　🅿無

代表重要文化財指定
近代邸宅建築的房舍
有前往一見的價值

舊岩崎邸庭園
きゅういわさきていていえん

建於約120年前，三菱財閥第3代社長岩崎久彌的宅
邸。比鄰而立的豪華洋館與和館十分漂亮。

湯島　▶MAP 附錄 P.16 A-4

☎03-3823-8340　休無休　⏰9:00〜16:30
￥400円，65歲以上200円，小學、於都內居住
或就學的國中生免費　♀台東區池之端1
🚃地鐵湯島站1號出口步行3分　🅿無

特徵是有著文
藝復興風格的
渾厚建築

國立國會圖書館 國際兒童圖書館
こくりつこっかいとしょかんこくさいこどもとしょかん

磚造建築為代表明治時期文藝復興風格的西式建築。
現在作為童書專用圖書館使用。

上野　▶MAP 附錄 P.16 A-3

☎03-3827-2053　休週一、第3週三、假日（5月
5日開館）　⏰9:30〜17:00（閉館）　♀台東區上
野公園12-49　🚃JR上野站公園口步行10分　🅿無

以擁有日本第一的東洋學藏書數量為傲

美麗的書籍博物館

在世界上也罕見
有如此齊全的菲
律賓歷史書。

3.「莫理循書庫」陳列著創立者
岩崎久彌購自莫理循博士購得的藏
書　4.珍貴的收藏品　5.通往咖
啡廳的「智慧小徑」

在館內的咖啡廳休息片刻

Orient Cafe
オリエントカフェ

東洋文庫與「小岩井農場」共同推
出的餐廳。庭園裡種植著與西博德
有關的植物，在這裡能一邊眺望著
庭園一邊享受餐點。

☎03-3942-0400
休週二（逢假日則翌日休）
⏰11:30〜19:30

1.店內擁有能眺望庭園的大面窗戶，
整體寬敞明亮　2.使用小岩井農場的
雞蛋，鬆軟滑嫩的蛋包飯「馬可波羅套
餐」￥1890

　「東洋文庫博物館」的「莫理循書庫」有時也會在電視劇的一個場景或CM中登場。

美麗的圖書館

Discovery

Great View

展現在眼前的是令人讚嘆的景色！

前往東京晴空塔城

東京觀光的經典！絕景呈現眼前的東京晴空塔®之視野景觀，一定要來看過一次。
這裡還有非常多餐廳、咖啡廳、商店和娛樂設施。

天望回廊 450m

天望甲板 350m

世界最高的塔就在這裡

天望甲板 350m

這裡是由3個層樓組成的觀景台。能享受到大型玻璃環繞、360度的全景景色。還有咖啡廳和商店。

東京晴空塔®
とうきょうスカイツリー

高634m，為世界最高的自立式電波塔。以朝天伸展的大樹為形象所設計的建築。於高350m與450m處設有觀景台，從這兩個地方能欣賞到不同的景色。

押上 ▶ MAP 附錄 P.21 B-1

☎ 0570-55-0634（東京晴空塔®客服中心11:00～18:00）
休 無休 ⏰ 10:00～21:00（觀景台最晚入場為20:00）
¥ 當日券平日／天望甲板2100円、天望回廊1000円（成人以外的票價、假日票價、預售票、套票等詳情需於官網 https://www.skytree.jp確認）
♀ 墨田区押上1-1-2 🚋 東武晴空塔線東京晴空塔站即到、各線押上站即到
P 約1000輛

SKYTREE ROUND THEATER®
スカイツリーラウンドシアター
Show

以美麗夜景為舞台呈現的夜間秀。企劃內容會視活動改變。
⏰ 時刻表需於官網確認
¥ 免費（天望甲板的入場券需另收費）※要觀賞的話購買預售票會很方便 ♀ 350F

SKYTREE CAFE
スカイツリーカフェ
Cafe

350樓的為無座位的立食型態，340樓的則為有桌椅座位的咖啡廳。兩間都有供應輕食與飲品。
⏰ 10:00～20:15 ♀ 340F、350F

「晴空塔妹妹聖代」¥850（340樓）

天望回廊 450m

天望甲板再往上100m，位於450m處的觀景台。在環繞塔外一圈、約110m的回廊來趟空中散步！

1. 夜晚天望回廊本身會點亮燈光，充滿了夢幻氛圍 2. 春、秋清晨還會有雲海呈現在眼前
3. 走在緩緩坡道往上爬吧

從天望甲板看出去的視野，能將都內名勝一覽無遺。

Night

Day

Great view!!

1. 墨田區隅田大火會那日的樣子　2. 天氣好時即便從很遠的地方也能看得很清楚

© TOKYO-SKYTREE

東京晴空塔城

Discovery

⊗MORE

在水族館療癒一下吧

位在東京晴空塔城的水族館是療癒的空間！

墨田水族館
すみだすいぞくかん

位在東京晴空塔®腳下的都市型水族館。在2層樓挑高無壓迫感的寬敞空間中，展示著約260種7000隻各式各樣的海中生物。

押上 ▶ MAP 附錄 P.21 B-1
☎03-5619-1821 休無休（有臨時休館）⏰10:00～19:00（週六日、假日為9:00～20:00）　※2500円、高中生1800円，中小學生1200円，幼兒（3歲以上）800円
📍ウエストヤード5～6F🏠http://www.sumida-aquarium.com

1. 以小笠原群島之海為主題的「小笠原大水槽」，鮮明漂亮的魚兒們悠游其中
2. 能從上方觀看水母的「Big Schale」
3. 麥哲倫企鵝「HANABI」

Restaurant

絕景呈現眼前的空間酒廊

天空LOUNGE TOP of TREE
てんくうラウンジトップオブツリー

料理以法國菜和義大利菜為基礎，四季有不同菜色，是從單點到全餐皆有提供的酒廊。

☎03-5809-7377 Ⓡ
⏰11:00～22:00（午餐為～15:00）
📍イーストヤード31F

2

© TOKYO-SKYTREE

設計洗鍊簡約的雜貨

NATURAL KITCHEN &　Shop
ナチュラルキッチンアンド

以實惠價格販售具有自然風格的雜貨和廚房用品。陳列著讓人會帶進日常生活中的商品。

☎03-5610-2746
⏰10:00～21:00
📍ウエストヤード1F

「紙膠帶」各¥110。以晴空塔城為設計的膠帶很可愛
© TOKYO-SKYTREE

美食＆購物也要CHECK

東京晴空街道
とうきょうソラマチ

以「新下町」為主題的商業設施。分成東、高塔、西3個庭院，有300間以上的店家進駐其中。每個樓層與區域的營造概念也各有不同。

押上 ▶ MAP 附錄 P.21 B-1
☎0570-55-0102（東京晴空街道客服中心11:00～19:00）
休不定休　⏰全館10:00～21:00（6・7樓、30-31樓的餐廳樓層為11:00～23:00）　※視店鋪而異
📍墨田区押上1-1-2
🚉東武晴空塔線東京晴空塔站即到、各線押上站即到 🅿約1000輛

1. 從店內各處都能望見晴空塔
2. 含歡樂塔的「TOP LUNCH」¥2980

豪邁的水果菜單！

堀內果実園　Cafe
ほりうちかじつえん

在奈良縣持續6代經營的果園之直營店。聖代菜單的「採收水果」，使用整顆水果製作，有著令人驚艷的外觀！

☎03-6658-8588
⏰10:00～20:30
📍イーストヤード1F

「採收水果 果實園」¥1580

上野站、羽田機場等處有直通東京晴空塔城的接駁巴士「晴空塔穿梭巴士®」相當方便！

Bus Trip

欣賞展現在眼前的全景景色
搭SKY BUS觀光台場夜景

面向東京灣，以東京代表性夜景景點為人熟知的台場。
搭乘令人心情舒爽的開放式巴士也能遊逛其他名勝，非常方便！

還看得到富士
電視台

還有自由女神像

Let's go!!

直通「AQUA CiTY ODAIBA」的觀景甲板為經典的夜
景景點。在自由活動時間看準時機拍下最棒的景色吧！

搭乘開放式巴士
輕鬆暢遊其他觀光名勝

丸之內
三菱大樓前
在大樓1樓的櫃台
辦完手續後，就來
出發囉！

東京站
首先來捕捉一張夜
間點燈照亮的東京
站之風姿！

Start!

台場夜景路線
能盡情享受台場夜晚景色
的路線，途中在「AQUA
CiTY ODAIBA」還有自由活
動的時間。
所需時間 約120分
費用 2100円

車票的購買方式
車票可於乘車日的1個月前
從官網或電話預約。乘車
當日要在位於三菱大樓1樓
的櫃台付費取票。若車上
還有空位，亦接受當日報
名購票。

SKY BUS東京
スカイバスとうきょう

能夠乘坐在2樓無屋頂的座位上，360
度欣賞東京景色的觀光巴士。有「皇
居、銀座、丸之內路線」等4個路線行
程，在約50～120分中遊覽東京主要的
觀光景點。

丸之內　▶MAP附錄 P.6 B-4
☎03-3215-0008（SKY BUS客服中心）
休不定休　搭戰路線而異
¥1800円～、6～11歲900円～
♀千代田区丸の内2-5-2 三菱ビル1F
🚃JR東京站北之内南口步行3分　P無
🌐https://www.skybus.jp/

來更進一步地暢遊台場吧

台場這裡散布著大型購物中心。
即使有一整天的時間，也不夠在這裡享受各式各樣的設施。

約匯集了130家豐富多元的商店
Diver City Tokyo Plaza
ダイバーシティとうきょうプラザ

日本國內外人氣時尚品牌、區域內規模
最大的美食廣場、娛樂設施等，集結了
豐富多元的設施。

`台場` ▶`MAP` 附錄 P.21 B-4

☎03-6380-7800 ㉂不定休 🚻商品販售、服務與其他10:00～21:00
（餐飲店為11:00～23:00、美食廣場為～22:00）※部分店鋪不同 📍江
東区青海1-1-10
🚉臨海線東京電訊站步行3分 🅿1400輛

設施豐富多元的室內型主題樂園！
DECKS東京Beach
デックスとうきょうビーチ

「TOKYO-JOYPOLIS」、「Madame Tussauds
Tokyo」等，匯集了室內型的遊樂設施，
從大人到小孩都能玩得開心。

`台場` ▶`MAP` 附錄 P.21 A-4

☎03-3599-6500（電話語音） ㉂不定休 🕐11:00～20:00（週六日、
假日為～21:00）、餐飲店為11:00～23:00 ※部分店鋪不同
📍港区台場1-6-1 🚉百合海鷗號台場海濱公園站即到 🅿550輛

都市休閒推薦這裡！
有明花園
あけガーデン

以匯集了約200間商店＆餐廳的大型商
業設施為核心，區域內還有飯店、SPA
等設施的有明地標。

`有明` ▶`MAP` 附錄 P.5 D-4

☎0570-077-711 ㉂不定休 🕐10:00～21:00（餐廳、美食廣場為
11:00～23:00）※詳情請於官網確認 🚉百合海鷗號有明站即到
🅿1800輛

能一整天樂在其中的娛樂購物中心
AQUA CiTY ODAIBA
アクアシティおだいば

在約60分的
自由時間裡
順道一去！

電影院、水族館、區域內規模最大
的美食廣場等，匯集了約130間店
鋪。亦推薦集結了6家全日本人氣
拉麵店的「拉麵國技館 舞」。

`台場` ▶`MAP` 附錄 P.21 B-4

☎03-3599-4700 ㉂不定休
🕐11:00～21:00（美食廣場除外的餐
廳為～23:00、部分店鋪為～翌
4:00） 📍港区台場1-7-1 🚉百合
海鷗號台場站即到 🅿約900輛

台場著名的女神像在此守護

彩虹大橋
一邊眺望著東京
灣，一邊通過大
橋，前往台場

\\ Goal! //

丸之內
三菱大樓前

回到出發地點結束
路線行程。因為周
邊也有很多餐飲
店，所以很方便

丸之內

以大樓林立的商辦
區獨有的景色作為
結尾

銀座

「和光」的鐘塔
等，從較高視角望
見的銀座特別不同

東京鐵塔
經過鐵塔底下，往
上看就會看見令人
讚嘆的景色！

I had a wonderful time!

「SKY BUS東京」隨車導遊的流暢導覽也是精彩看點之一。

在夜晚既能浪漫又能充滿活力度過的東京，要做些什麼好呢？

Night Spot

夜遊也是東京觀光的樂趣之一♪

這才是正解！東京夜晚的遊玩方式

在大都會東京有許多能玩到很晚的景點。在此推薦能夠看見動人景色的觀景台、充滿娛樂元素的水族館等，東京獨有的度過夜晚的方式♪

大全景呈現眼前
令人陶醉的東京夜景

白天天氣好時能看見清澈的藍天與街道，景色也非常漂亮

SKY DECK是這樣的感覺！

在天空仍微亮時所看見的東京夜景非常浪漫

在開放的屋頂露天平台上，就算在都會中也能觀星

最晚入場 *Time*

TOKYO CITY VIEW
21:00

SKY DECK
19:30

六本木新城觀景台 TOKYO CITY VIEW / SKY DECK（森大樓52樓／頂樓）

ろっぽんぎヒルズてんぼうだいとうきょうシティビュースカイデッキ
もりタワーごじゅうにかいおくじょう

位於「森大樓」52樓的TOKYO CITY VIEW，有著挑高11m的玻璃落地窗，在這裡能欣賞到全景的景觀。頂樓的SKY DECK海拔270m、距地面238m，以關東首屈一指的高度為傲，從這裡眺望到的景色也很鮮活生動！

六本木 ▶MAP 附錄 P.14 A-3

☎03-6406-6652（TOKYO CITY VIEW） 休不定休
◎TOKYO CITY VIEW 10:00～21:00、SKY DECK 11:00～19:30 ¥TOKYO CITY VIEW為費用變動制，SKY DECK需另付500円 ♀港区六本木6 六本木ヒルズ森タワー52F／屋上 🚇直通地鐵六本木站1C出口 ℗2762輛

Event

每月第4個週五的觀星活動

六本木天文俱樂部日

在SKY DECK每月第4個週五，會舉辦觀星活動與天文講座。觀星活動不用預約亦不收費，所以試著輕鬆地前來參加吧！

滿滿令人雀躍的表演
娛樂型的水族館

品川馬克賽爾水上公園

マクセルアクアパークしながわ

最晚入場Time
19:00

在這個水族館裡能享受由聲、光、影像組成的最新呈現方式與生物們一同攜手打造的表演。館內還有遊樂設施。

品川 ▶ MAP 附錄 P.4 B-4
03-5421-1111（電話語音） 無休
10:00〜19:00 2500円、中、小學生1300円、4歲〜學齡前兒童800円
港区高輪4-10-30 品川プリンスホテル内
JR品川站高輪口即到 275輛

伴手禮也要CHECK！

1. 在「The Stadium」能觀賞動人心弦的海豚秀 2. 氛圍夢幻的的「Jellyfish Ramble」 3. 表演秀裡登場的寬吻海豚

4.「磁鐵片」￥560 5.「水母軟糖」￥850 6.「咖啡」￥390。5和6為「品川馬克賽爾水上公園」的原創商品

T4 TOKYO

ティーフォートーキョー

最晚入場Time
22:30

在由洋食＆和食＆中菜之料理融合而成的休閒餐廳「T4 KITCHEN」，能盡情地享用充滿原創性的菜單，又能帶著輕鬆的心情打桌球。

渋谷 ▶ MAP 附錄 P.13 C-2
03-6452-5744
不定休（桌球教學則需確認） 11:30〜22:30
※桌球教學則需確認
渋谷区神南1-12-16 ASIA BUILDING 1F
JR渋谷站八公口步行6分
無

能以流行的方式享受桌球
複合式的文化空間

1、2. 時尚的店內空間，顛覆大家對桌球的印象 3. 亦推薦大家在融入綠色的店內空間中休息充電 4.「松露蛋三明治佐烏魚子」￥1069 5. 加了金桔的「乒乓沙瓦」￥680

PICK UP 機場的觀景台也好漂亮♪

在夢幻的氛圍中望著飛機起降

羽田機場第2航廈觀景台

はねだくうこうだいにターミナルてんぼうデッキ

能以東京灣為背景，眺望飛機起降的模樣。這裡還設有長凳，因此是能悠閒度過時光的私房景點。

羽田 ▶ MAP 附錄 P.3 C-4
03-5757-8111（第1、第2綜合服務） 無休 6:30〜22:00（有可能視天氣變更） 大田区羽田空港3-4-2 直通東京單軌電車羽田機場第2航廈站、京急羽田機場1、第2航廈站 5536輛

1. 遠方還能看見晴空塔 2. 觀景台的甲板嵌入約4000個LED燈，呈現浪漫的氛圍

Tokyo Tower

with blue sky!

從任何角度觀看都如畫般漂亮！

發現各種風貌的東京鐵塔！

不分晝夜皆優美如畫

with bridge!

這座城市的象徵──東京鐵塔，在約65年前完成之後，便一直靜靜地看顧著不停改變的東京街道。

應該也有很多人看到東京鐵塔莫名的就會感到內心雀躍不已吧。

即使街區有著大幅變化，還是能在各種不同的場所發現東京鐵塔。近距離觀看它展現魄力十足的模樣，遠望它化作風景的一部分、靜佇其中的身影，以及它在東京夜晚的街頭中輝煌耀眼的姿態，不分晝夜皆優美如畫，來試著走在街道上尋找它美麗的一景吧。

從底下往上看！

2

夢幻美麗的夜間點燈

1

周圍還能看見六本木新城等的身影

5

4

3

1. 從底下抬頭往上看，夜間點上燈光的東京鐵塔　2. 從正上方看見的東京鐵塔，三角形桁架結構相當漂亮　3. 視野越過芝公園的花台能望見東京鐵塔　4. 從六本木櫸樹坂也能望見美麗的鐵塔身影　5. 六本木新城和東京中城落成，即使街區的景色改變了，東京鐵塔的存在感仍十分出眾

Licensed by TOKYO TOWER

╲╲ 說到東京的象徵地標！ ╱╱

東京鐵塔
とうきょうタワー

高333m的綜合電波塔，是一直以來受到大眾喜愛的東京象徵地標，擁有美麗的紅白對比色彩。這裡除了有「Main Deck」與「Top Deck」2處觀景台之外，還有集結各種商店與餐飲店的Foot Town。

赤羽橋　▶ MAP 附錄 P.15 C-3

☎03-3433-5111　休無休　⏰9:00～22:00
※視觀景台、店鋪而異。需於官網確認
¥Main Deck 1200円、Top Deck Tour 3000円
♀港区芝公園4-2-8　🚇地鐵赤羽橋站赤羽橋口步行5分　P150輛

Shopping

想買的都在這裡

時尚雜貨、可愛甜點，
還有原料講究的美妝用品。
入手充滿東京風格的洗鍊商品
作為旅行的回憶♪

Get a wonderful thing

Minimal 富ヶ谷本店
ミニマルとみがやほんてん
》P.110

有超級多
人氣商店
及話題甜點！

Sweets & Goods

滿是大人也會想要的「好可愛」商品！

在澀谷Hikarie購物

「澀谷Hikarie」裡進駐著許多對潮流擁有高敏感度的商店，
在這裡愉快地購物吧。從外觀可愛的甜點，到高品味的雜貨，
也好適合當作伴手禮！

©Shibuya Hikarie

Ⓐ 千層派　8片裝 ¥648

奶油風味令人欲罷不能的極致菓子派

Ⓑ 巧克力片　6片裝 ¥1188

能同時享受味道風味與色彩，賞心悅目的巧克力！

Ⓐ 花束巧克力　5個裝 ¥918

將3種口味的巧克力包裝在一起。期間限定甜點 ※10~3月販售

★

Ⓑ 巧可力夾心餅乾　5個裝 ¥1188

在酥脆餅乾加上絲滑夾餡，組成風味豐富的夾心甜點 ※隨季節而異

Sweets

齊聚人氣甜點店外觀
可愛又美味的甜點！

Ⓐ Dessert Fruit　8個裝 ¥735

使用麝香葡萄、晴王麝香葡萄等的果汁所製作的果凍 ※4~9月販售

包裝也好可愛！

不止甜點而已，
可愛的包裝也很吸睛！

Ⓐ Sachet　8袋裝 ¥1296

3種口味的綜合餅乾，也很適合當作小禮物

Ⓐ 綜合烘焙點心　5個裝 ¥1080

內有人氣餅乾「Sachet」、瑪德蓮、費南雪

甜點
裝飾上水果的
閃電泡芙和蛋糕

Ⓑ La Maison SHIROKANE
ラメゾンしろかね

講究食材與季節感的巧克力和
烘焙點心等，以「優質休閒」
為主題的甜點，也很適合拿來
犒賞自己。

☎ 03-6434-1850
📍 ShinQs B2

甜點
包裝可愛，
也很適合當作禮物

Ⓐ Fluria
フルーリア

在時尚的花樣包裝裡裝著加了
大量奶油的道地餅乾和巧克力
等，販售講究的烘焙點心。

☎ 03-6427-4925
📍 ShinQs B2

澀谷Hikarie
しぶやヒカリエ

So pretty!

這棟高樓複合設施位在直通澀谷站的絕佳地點。
推展創造與發送流行事物的樓層規劃，齊聚了大
人們能樂在其中的魅力店家。

澀谷 ▶ MAP 附錄 P.13 C-1

☎ 03-5468-5892 　休 無休 　營 ShinQs B3-5F 10:00~
21:00、咖啡廳＆餐廳6~8、11樓為11:00~23:00
📍 渋谷区渋谷2-21-1 　🚉 直通JR等澀谷站
Ⓟ 402輛

© うすはり（Bourgogne）¥4212

Good taste!!

為了能輕鬆享受
葡萄酒而製作的
玻璃杯

© 口金書衣　¥2970〜

珍惜地保護書籍的書衣

不論是送禮還是自用，這裡有好多
會讓人不由自主地拿在手中的可愛
商品

Fragrance

**© GREEN NATION
擴香瓶**
120mℓ ¥3960

來自澳洲，成
分天然、素食
者友善的室內
香氛系列

**© TSUBAME的
多功能奶油刀**
¥3300

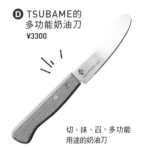

切、抹、舀，多功能
用途的奶油刀

© 沐浴鹽組
（ROSE/LAVENDER MIX/NEROLI）
¥1980

為礦物質豐富的天然鹽＆植物香氣所療
癒，原創的沐浴鹽

© 2.6吋口金錢包　各¥990

© 隨行杯
各¥2200

像是用麥克筆寫上的「CUP」標誌相當
幽默

© Zip Top 嬰兒零食容器
各¥1650

考量環境而誕生，非常耐用的矽膠製保
存容器

不論是放零錢，或是收納鑰匙等都能使用

有好多讓人會想帶進
生活中的雜貨

雜貨

© TODAY'S SPECIAL
トゥデイズスペシャル

販售生活用品、器具、食材、
服飾等。特別是這裡準備了
以「送禮」為主題，從特別的
禮物到小小心意的擇禮點子。

☎ 03-6434-1671　♀ ShinQs 4F

可愛的口金包
專賣店

雜貨

© AYANOKOJI
アヤノコウジ

職人手作的京都口金包專賣
店。使用「高島帆布」製作的
錢包、包包、提袋等，種類繁
多的口金包全都是手工製作。

☎ 03-6434-1639　♀ ShinQs 4F

廚房用品專賣店
讓人找到料理的樂趣

雜貨

© La Cucina Felice
ラクッチーナフェリーチェ

有日本和蒐集自世界各地的廚
房用品，每樣都是講究的嚴選
商品。不論是自用還是挑選送
禮，都能買到很棒的商品。

☎ 03-6427-1604　♀ ShinQs 5F

種類繁多的商品
都能為生活加點快樂

雜貨

© collex
コレックス

以北歐為主，販售匯集自世界
各地的家飾雜貨和餐具，也有
著眼於日本傳統的和風雜貨。
另亦有販售原創商品。

☎ 03-6434-1645　♀ ShinQs 5F

Shopping

澀谷Hikarie

Bean to Bar

想要享受Bean to Bar講究的風味

超級喜歡巧克力♡

從挑選可可豆到製成巧克力，一手包辦的Bean to Bar。
專賣店在東京陸續開幕，正引領著話題。品嚐比較找到自己喜歡的吧！

全部都是可可含量70%以上
香氣富饒的巧克力片

Bean to Bar的
巧克力片1片¥98□

果香的風味、酥脆的口感，讓人樂在其中的滋味！

Bean to Bar的
巧克力片1片¥1080

使用能延長保存
巧克力風味的
密封鋁箔袋包裝

CRAFT CHOCOLATE WORKS
クラフトチョコレートワークス

改變不同產地可可豆的烘焙溫度與研磨狀況，以70
％可可豆配上30％有機糖比例製作出的巧克力，通
常有12種口味。用包裝顏色表現口味。用巧克力製
作的霜淇淋，以及週末限定的可麗露也很受歡迎。

三軒茶屋 ▶ **MAP** 附錄 P.4 A-4
☎ 03-5787-6528　休 週一、二（逢假日則營業）
⊞ 11:00～18:00　♀ 世田谷区池尻2-7-4 1F　🚃 東急田園都市
線三軒茶屋站南口步行9分　🅿 無

Minimal 富ヶ谷本店
ミニマルとみがやほんてん

製造並販售的巧克力刻意保留了粗顆粒的可可豆，
引出可可豆所擁有的豐富水果滋味與香氣。除了有8
種口味左右的巧克力片之外，還售有聖代、飲品、
可可豆製品。

代々木公園 ▶ **MAP** 附錄 P.12 A-4
☎ 03-6322-9998
休 無休　⊞ 11:30～18:30（商品販售為～19:00）　♀ 渋谷区
富ヶ谷2-1-9　🚇 地鐵代代木公園站1號出口步行6分
🅿 無

More Recommended

♡ ♡ **Eclair** ♡ ♡

Tasting

使用不同產地可可豆的「Chef's Tasting」¥1700

Soft cream

會令人上癮的「霜淇淋」（綜合口味）¥650

Drink

Minimal 富ヶ谷本店

濃郁又香氣四溢的「Chocolatre」¥605

夾入巧克力片，造型可愛的「閃電泡芙」¥540~

green bean to bar CHOCOLATE 中目黑店

Dandelion Chocolate FACTORY & CAFE KURAMAE

CRAFT CHOCOLATE WORKS

瞬間令人著迷的日式花紋包裝

Bean to Bar的巧克力片1片¥1620~

採用單一產地單純地追求可可豆的美味

巧克力片為各口味1片¥1400

Shopping

巧克力

---

green bean to bar CHOCOLATE 中目黒店

グリーンビートゥーバーチョコレートなかめぐろてん

位在目黑川旁，起自日本、能用五感享受的巧克力店。僅用可可豆和有機糖製作的巧克力，絲滑柔順的口感讓人無法招架。店內有製作工房，也能透過玻璃參觀製作過程。

中目黒 ▶ MAP 附錄 P.18 A-3
☎03-5728-6420 休無休
🕐10:00～20:00 ♀目黒区青葉台2-16-11
🚃東急東橫線、地鐵中目黑站正面口步行10分 Ｐ無

Dandelion Chocolate FACTORY & CAFE KURAMAE

ダンデライオンチョコレートファクトリーアンドカフェくらまえ

誕生自Bean to Bar的手工巧克力專賣店，販售由師傅將可可豆原本的美味發揮至極限的巧克力。巧克力蛋糕和可麗露也很受歡迎。

藏前 ▶ MAP 附錄 P.5 C-2
☎03-5833-7270 休不定休 🕐11:00～18:00 ♀台東区藏前4-14-6 🚃地鐵藏前站A3出口步行3分 Ｐ無

「Dandelion Chocolate」來自舊金山，最初始於在車庫進行的巧克力實驗！

 relax time...

 Pure Item

想要選擇有機與天然原料

講究天然的商品Good！

販售為身體著想而製作的天然原料美妝用品等的商店，引人注目！
因為對肌膚相當溫和，所以也很適合當作禮物或伴手禮。只要用過一次應該就會感受到它的美好。

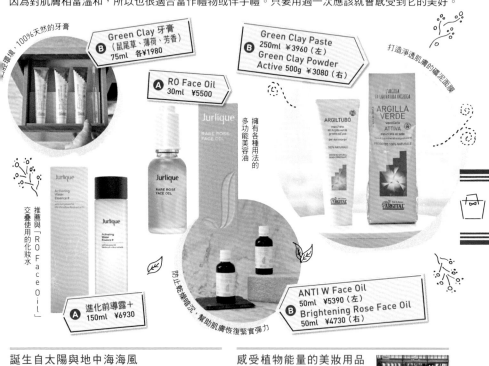

100%天然的牙膏

B Green Clay 牙膏
（鼠尾草、薄荷、芳香）
75ml 各¥1980

B Green Clay Paste
250ml ¥3960（左）
Green Clay Powder
Active 500g ¥3080（右）

打造淨透肌膚的礦泥面膜

A RO Face Oil
30ml ¥5500

擁有各種用法的多功能美容油

交疊使用的化妝水 推薦與「RO Face Oil」

A 進化前導露＋
150ml ¥6930

防止乾燥鎖沉，幫助肌膚恢復緊實彈力

B ANTI W Face Oil
50ml ¥5390（左）
Brightening Rose Face Oil
50ml ¥4730（右）

誕生自太陽與地中海海風

B ARGITAL

アルジタル

使用大量義大利西西里島綠泥
（海泥）的美妝用品。化妝品內
含豐富的海洋礦物質，具有高度
保濕功效，最適合用來做抗老化
護理。100%使用天然原料且無
添加防腐劑，親和肌膚的產品令
人欣喜。

講究Point！
全部商品的試用、
綠泥面膜製作、美
容體驗、工作坊
等，擁有豐富多元
能深入了解商品的
服務！

表參道 ▶ MAP 附錄 P.10 B-2
☎03-6438-9765 休不定休 ⏰12:00～20:00
♀渋谷区神宮前4-5-10 野口ビル1F ⚐地鐵表參
道站A2出口步行5分 Ｐ無

感受植物能量的美妝用品

A Jurlique 伊勢丹新宿店

ジュリークいせたんしんじゅくてん

源自澳洲的有機美妝品牌。販售
使用植物調製的化妝品，而其使
用的植物為擁有機認證的自家
公司農園所栽種。從臉部到手
部、身體護理，擁有將高性能植
物發揮至極限的系列產品。

講究Point！
提供採用有機原料
與獨特精華萃取法
所製作的商品。亦
設有美容護膚室

新宿 ▶ MAP 附錄 P.18 B-1
☎03-3352-1111（代） 休準同伊勢丹新宿店的公休日、營業時間
♀新宿区新宿3-14-1 伊勢丹新宿店 本館地下2F ビューティアポセカリー
⚐地鐵新宿三丁目站B3、B4、B5出口即到 Ｐ有

因為是天然原料
所以對肌膚也很溫和！

RAW SOAP
（半熟香皂）Muku
100g ¥2200

以天然海鹽為基底，也添加調和了豐富的鎂元素

實現最強抗老化護理的有機精華液

E 酒粕米糠化妝水
120ml ¥4070

C 乳香黃金極緻菁萃
30ml ¥17600

D 迷你沐浴鹽
柚子 30g ¥660

以茶匙舀出使用，洗後清爽潔淨！

擁有高效保濕力，乾燥肌也能迅速滲透。質地和香氣都非常棒

SHIRO
CLEAR LOTION

由酒粕米糠精華與濃郁的米糠油組成雙層的奢華精華液

C Silhouette
Toning OIL
100ml ¥4290

按摩用的身體護膚油，花卉的香氣讓心情也感到舒適放鬆

對腰部與蝴蝶袖等處的鬆弛相當有效的身體護膚油

C 好朋友按摩油
100ml ¥3740

SHIRO
CLEAR
OIL IN SERUM

E 酒粕米糠
雙層精華
30ml ¥8030

NEAL'S YARD REMEDIES

D 洗髮精　500ml ¥2640
護髮乳　200g ¥2640

對頭皮肌膚溫和，也具有保濕效果的無矽靈系列產品

餐廳「BROWN RICE」，在這裡除了有以玄米、蔬菜、大豆為主的料理之外，還能享受到甜點與飲品（第1週二固定公休）

實際感受米的恩惠
E SHIRO

シロ

使用酒粕、米糠等大自然恩惠製作產品的美妝品牌。對原料講究的親膚美妝用品，推薦用它來進行日常護理。

東京站 ▶ **MAP** 附錄 P.6 B-3

☎ 03-6551-2646　休 無休

🕐 11:00～21:00（週日、假日、連休最終日為～20:00）　📍 千代田区丸の内2-4-1 丸ビルB1　🚃 JR東京站丸之内南口即到　🅿 997輛

講究Point！
原料除了日本的之外，還會從世界各地嚴選。充分地發揮原料的功效

以皮膚科學為基礎的美妝用品
D OSAJI谷中店

オサジやなかてん

這個護膚美妝品牌設計了維持健康美麗肌膚的生活型態。以肌膚健康為第一考量，從科學角度探究肌膚的構造與功能。

谷中 ▶ **MAP** 附錄 P.16 A-2

☎ 03-5834-8524　休 週二、三（逢假日則營業）　🕐 10:30～17:30　📍 台東区谷中2-5-14 A区画　🚃 地鐵千駄木站1號出口步行5分　🅿 無

講究Point！
使用安心、安全的原料，並以容易入手的經濟實惠價格提供產品

美容與健康兩者皆重
C NEAL'S YARD REMEDIES

ニールズヤードレメディーズ

提供除了美容之外，還包含健康在內的全方位護理，來自英國的美妝品牌。店內陳列著充分融入了天然效用的美妝用品。

表參道 ▶ **MAP** 附錄 P.11 C-3

☎ 03-5778-3706

休 無休　🕐 11:00～19:00　📍 渋谷区神宮前5-1-17 グリーンビル1F　🚃 地鐵表參道站A1出口即到　🅿 無

講究Point！
店裡還設有素食料理餐廳，包含調味料在內，全都是手作製成

Shopping

天然的商品

Tokyo Station

\\\\ Must buy! //

回程前抓緊時間就OK！

在東京站尋找伴手禮

在東京站尋找伴手禮是旅程的結尾。在搭上電車之前，
來購買限定甜點和以車站建築為主題設計的雜貨吧！

B TOKYO MILK CHEESE FACTORY的
東京站丸之內車站建築包裝綜合餅乾 20片裝¥2160

販售使用嚴選牛奶與優質起司製作的點心。內有「海
鹽&卡門貝爾起司夾心餅乾」和「蜂蜜&古岡左拉起
司夾心餅乾」2盒餅乾

☎ 03-3218-8037　保存期限 約180日

A The MAPLE MANIA的
楓糖奶油夾心餅乾
32片裝¥3456

使用大量加拿大魁北克
產楓糖製作的餅乾。費
南雪和年輪蛋糕也很受
歡迎

☎ 03-3216-1380

保存期限 約180日

限定
&人氣

Sweets

E TOKYO RUSK的
白金杏仁罐 4片裝¥756

奢侈地塗抹上焦糖與加州
杏仁的脆餅

☎ 03-6810-0228

保存期限 自製造起90日

F N.Y.C.SAND的
N.Y.焦糖夾心餅乾 4個裝り¥648

用巧克力包裹住滑順的焦糖漿，再
夾進奶油餅乾中

☎ 03-3212-8011（大丸東京店代表）　保存期限 約2~3週

C 東京あんぱん豆一豆的
東京紅磚麵包
1個¥348

講究食材的紅豆麵包專賣店之人氣商品，裡面
有特製鮮奶油和紅豆泥餡所組成的2層內餡

☎ 03-3211-9051

保存期限 約3日

驗票口內

匯集美食與伴手禮

C ecute東京
エキュートとうきょう

東京站 ▶ MAP 附錄 P.6 B-3

☎ 03-3212-8910　⏰ 8:00~22:00 ※部分店鋪不同
📍 千代田区丸の内1-9-1 JR東京駅改札内
1F　🚇 JR東京站站內　🅿 無

往京葉線方向相當方便的設施

B GRANSTA TOKYO Keiyo Street Area
グランスタとうきょうけいようストリートエリア

東京站 ▶ MAP 附錄 P.6 B-4

☎ 050-3354-0710　休 無休
⏰ 8:00~22:00 ※部分店鋪不同
📍 千代田区丸の内1-9-1 JR東京駅改札内
1F　🚇 JR東京站站內　🅿 無

充滿活力的人氣區域

A GRANSTA TOKYO
グランスタとうきょう

東京站 ▶ MAP 附錄 P.6 B-3

☎ 050-3354-0710　休 無休　⏰ 8:00~
22:00（週日、假日為~21:00，翌日為假
日則~22:00）※部分店鋪不同
📍 千代田区丸の内1-9-1 JR東京駅改札内
B1-1F　🚇 JR東京站站內　🅿 無

PICK UP　會讓人想要拍照　美麗的東京站！

東京站丸之內車站建築　東京站
とうきょうえきまるのうちえきしゃ

迎來開業約100年歷史的車站，相襯地恢復成原本美麗的模樣。

▶ MAP 附錄 P.6 B-3
休無休　🕐視設施而異
📍千代田区丸の内1-9-1　🚉JR東京站丸の内口即到　🅿無

1. 點燈照亮，呈現橘色的紅磚牆更加美麗輝煌　2. 現在復原為創建時的3層樓建築　3. 南北圓頂的天花板

Shopping

東京站 伴手禮

C 濱文樣的圖案日式手巾
東京站與富士山 ¥1210

來自橫濱的品牌，販售原創織品的日式手巾與和風小物。在ecute東京能買到將車站建築鮮明地染上的限定日式手巾
☎03-3211-8953

B TOKYO!!!的有如印傳的紙製御朱印帳
東京站丸之內車站建築（紅磚色）¥2200

以超人氣的東京站丸之內車站建築為設計的御朱印帳。用來收集御朱印或車站印章吧！
☎03-5218-2407

車站建築圖案設計　Goods

D Neue的東京站車站建築圖案設計的 Tsubame Note
¥410

「Tsubame Note」與Neue合作推出的GRANSTA MARUNOUCHI限定商品
☎03-6268-0938

A OLD-FASHIONDE STORE TOKYO的
東京站丸之內車站建築刺繡手帕　各¥1870

上面有東京站丸之內車站建築刺繡圖案的手帕。堅持日本製的優質手帕，也很適合當成禮物或伴手禮
☎03-6268-0533

A TRAINIART TOKYO的浮雕零錢包　東京站
1個¥1430

人造皮革觸感舒適，上面有著東京丸之內車站建築圖案設計的零錢包。色調沉穩、適合各種場合
☎03-5224-6100

D TRAVELER'S FACTORY STATION的
COTTON BAG〈M〉TOKYO STATION（右）¥506
TRAVELER'S notebook Refill TOKYO STATION（左）¥506

有東京站丸之內車站建築圖案的包包和筆記本內頁補充包。享受從東京站開始的電車之旅吧！
☎03-6256-0486

驗票口外

擁有豐富美食的百貨

F 大丸東京店
だいまるとうきょうてん

東京站 ▶ MAP 附錄 P.7 C-3

☎03-3212-8011
休無休　🕐10:00～20:00、12樓為11:00～22:00、13樓為11:00～23:00
📍千代田区丸の内1-9-1
🚉直通JR東京站八重洲北口　🅿無

有好多適合各種場合的禮物

E TOKYO GIFT PALETTE
とうきょうギフトパレット

東京站 ▶ MAP 附錄 P.7 C-3

☎03-3210-0077　休無休
🕐9:30～20:30（週六日、假日為9:00～）
📍千代田区丸の内1-9-1
🚉JR東京站八重洲北口即到
🅿無

丸之內的地下樓層更加充實！

D GRANSTA MARUNOUCHI
グランスタまるのうち

東京站 ▶ MAP 附錄 P.6 B-3

☎050-3354-0710　休無休
🕐8:00～22:00（週日、假日為～21:00，翌日為假日則為～22:00）※部分店鋪不同
📍千代田区丸の内1-9-1 JR東京駅改札外B1　🚉JR東京站丸之內地下中央口即到
🅿無

在東京站丸之內車站建築內有「東京站酒店」（MAP附錄P.6 B-4），能住在車站內！

別錯過
限定商品！

在老字號百貨公司購物

百貨公司地下美食街是Sweets仙境♪

總是因為觀光客而熱鬧非凡的百貨公司地下美食街，
從甜點名店到限定商店全齊聚在此。只有這裡才買得到的限定甜點也備受矚目！

B2 Frédéric Cassel
フレデリック・カッセル

這家甜點店的總店位在
位在巴黎郊外的楓丹白
露。在國內外皆曾獲最
優秀甜點師獎等獎項。

「香草千層」¥994。濃郁的鮮奶
油與焦糖化的派皮形成絕妙的組合

「香草泡芙」¥594，烘
烤得酥酥脆脆的餅乾泡
芙，配上散發濃郁大溪
地香草香氣的鮮奶油餡
堪稱絕配

世界最頂級的
甜點師大顯身手

銀座三越
ぎんざみつこし

為銀座地標，從流行服飾到食品，
能感受銀座風格的百貨公司。本館
地下2樓的「Ginza Sweets Park」
會有話題甜點期間限定登場。

- 銀座 **MAP** 附錄 P.8 B-3
- ☎ 03-3562-1111（代）
- 休 不定休　⏰ 10:00～20:00　中央区銀座4-6-16　地鐵銀座站A7出口即到　P 399輛

設置在Johan內的
小巧烘焙點心專賣店

「petit four　A組合」3種各4個
裝¥1296。除了除了小巧法式焦
糖奶油餅之外，裡面還有季節
限定烘焙點心的綜合組

**B2 Marché du petit
four Johan**
マルシェ・デュ・プティフール ジョアン

以窯烤現做出爐的型態
供應小巧尺寸的點心和
麵包。

**B2 HOLLANDISCHE
KAKAO-STUBE**
ホレンディッシェ・
カカオシュトゥーベ

店家以在德國漢諾威擁
有約100年傳統的光輝歷
史為傲，販售德國的傳
統點心。

盡情享受
德國的傳
統點心

「銀座脆皮巧克力千層派」
¥1404。將加了榛果的千
層派裹上瑞士產巧克力

B2 jeRiz
ジュリ

採用以米粉為主的植
物性食材，不使用雞
蛋和乳製品等食材的
米點心專賣店。

「米餅（柔軟）白松露鹽」
14片裝¥1080。加了香氣
馥郁的白松露鹽所完成的
一款點心

特徵是入口即化

「米製貓舌餅乾」9片裝
¥1728。使用日本產米粉和
豆漿作的貓舌餅乾

B2 LENÔTRE
ルノートル

由被視為建立現代法式點
心基礎的法國點心界重量
級人物——加斯東·勒諾
特所創立的巴黎名店。

甜點師手作的
巧克力裝飾優美華麗

「Feuille d'Automne」
¥864。使用香醇的黑巧克力
慕斯與蛋白霜製作，風味濃郁
卻餘味爽口的蛋糕

松屋銀座原創的
千層派專賣店

B1 MILLE-FEUILLE MAISON FRANÇAIS
ミルフィユ メゾン フランセ

位於松屋銀座內的千層派專賣店。對食材、製作方式相當講究，追求高雅的風味。

派皮之間夾入鮮奶油的「千層派」
4個裝 ￥1167

美味與美麗兩者
皆實現的甜點

B1 INFINI
アンフィニ

充分運用講究食材製作的蛋糕有如藝術品一般，很受歡迎。

採用法式凍派作法，風味濃郁的「香檸檬起司蛋糕」
6個裝 ￥2992

食品樓層相當豐富

松屋銀座
まつやぎんざ

銀座具代表性的百貨公司，匯集了販售高級商品的店家。地下1、2樓的食品樓層還齊聚了松屋銀座與商店聯名推出的限定商品等，也很適合到這裡購買伴手禮。

銀座 ▶ MAP 附錄 P.9 C-3
☎03-3567-1211（代）
休 不定休 ⏰10:00～20:00 ♀中央区銀座3-6-1 🚇直通地鐵銀座站A12出口
P 193輛

散發杏仁香氣的為松屋銀座限定「杏仁奶油蛋糕」
￥1620

維也納具代表性的老店

B1 DEMEL
デメル

在維也納的人氣點心店。售有巧克力、薩赫蛋糕、烘焙點心等。

B1 まめや 金澤萬久
まめやかなざわばんきゅう

以加賀、能登的珍貴有機豆為製作材料，販售焙炒豆和甘納豆的日西式甜點店。

「shimimi黃豆粉巧克力」￥972。黃豆粉巧克力滲入黑豆米果之中的巧克力米果

品嚐一口大小的
黑豆米果

「Hallongrottor（草莓口味）」10個裝￥1080。伊勢丹新宿店限定

北歐點心專賣店

B1 Fika
フィーカ

伊勢丹新宿店原創品牌。品牌概念為北歐點心＆北歐設計＆伴手禮。

水果點心常伴身旁

B1 POMOLOGY
ポモロジー

陳列著使用當季水果製作的甜點。充滿季節感的產品陣容。

「檸檬餅乾盒」39片裝￥1728。鹽味檸檬、原味、糖霜檸檬的綜合口味

匯集一流商品的老字號百貨

伊勢丹新宿店
いせたんしんじゅくてん

首次於日本展店的店家、有名的服飾品牌等，匯集了日本國內外一流品牌商品的老字號百貨公司。在地下樓層有都內規模最大的甜點區，齊聚非常多其他地方買不到的獨家商品。

新宿 ▶ MAP 附錄 P.18 B-1
☎03-3352-1111（代）休 不定休
⏰10:30～20:00（視店鋪、季節而異）
♀新宿区新宿3-14-1 🚇地鐵新宿三丁目站B3、B4、B5出口即到 P 有

一口大小的
可愛長崎蛋糕

使用新宿產的蜂蜜製作為一口大小的長崎蛋糕 蜂蜜口味」3個裝￥875。微微濕潤的口感很好吃

創業150年的老店
在伊勢丹開幕囉！

B1 たねや

活用食材風味、單純又美味的和菓子是店家的代名詞。

「たねや福銅鑼燒」5個裝￥1296，是非常適合當作伴手禮的伊勢丹新宿店限定商品

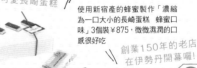

B1 匠の焼き菓子 CONGALI 文明堂
たくみのやきがしコンガリぶんめいどう

以長崎蛋糕為人熟知的「文明堂」所推出新型態的點心。

百貨公司地下美食街裡匯集了散布在都內各處的人氣甜點店，因此能在一處一次購足。

Tokyo Goods

AWESOME STORE

Flying Tiger Copenhagen

在澀谷、表參道區域GET！

適合大人的可愛平價雜貨

想買好多可愛的雜貨！

在澀谷、表參道區域有好多販售平價可愛雜貨的商店！
尤其是以成熟可愛的北歐雜貨吸引高人氣、來自丹麥的「Flying Tiger
Copenhagen」，以及誕生於澀谷的「AWESOME STORE TOKYO」果然很受歡迎！
因為價格實惠，所以也能在這裡一次買齊！來試著把房間變得更可愛吧！

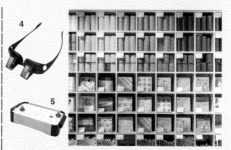

1.「塑膠袋 30P Peanuts/Tomato」各￥165。以超市為形象設計的塑膠袋，能用來裝點心、包裝禮品　2. 米裡面加了蝦子，並且讓美乃滋的味道滲入其中的「明太子美乃滋米果」￥129　3. 美乃滋米果加上咖哩風味的「美乃滋咖哩米果」￥129　4.「冰箱除臭劑」￥209。復古收音機圖案的普普風設計很時髦　5. 店家匯集了豐富多元的商品，在店裡擺得滿滿的

1. 陳列著色彩與設計都相當豐富的蠟燭和餐巾紙　2. 器皿等餐具的種類也很豐富。因為很平價，所以能夠試著湊齊一套　3. 獨特又可愛的商品，也很推薦買來當作禮物送人　4.「平躺用臥式眼鏡」￥1320，眼鏡裡裝有鏡子，把書本立在肚子上也能閱讀的創意商品　5. 似乎會意想不到也熱賣的「桌上曲棍球」￥2420，因為很小巧所以到哪都能開心地玩！

＼＼ 匯集普普風格又可愛的商品 ／／

AWESOME STORE TOKYO
オーサムストアートーキョー

這家雜貨商店聚集了豐富多元的潮流商品。在這裡能以經濟實惠的價格，買到高品質且種類豐富的雜貨。店內幾乎都是1000円以下的商品，還有100円以下的超便宜商品！

澀谷　▶MAP 附錄 P.13 C-3

☎050-3205-0888　休無休　⏰11:00～
21:30　♀渋谷区宇田川町32-7 HULIC &
NewUDAGAWA 1F　♥JR澀谷站八公口
步行5分　Ｐ無

＼＼ 滿是想要帶入日常生活中的商品 ／／

Flying Tiger Copenhagen 表参道ストア
フライングタイガーコペンハーゲンおもてさんどうストア

來自丹麥的雜貨商店。店內陳列著約2500件商品，設計時尚且價格又落在能輕鬆入手的範圍之內。還有很多幽默且充滿玩心的商品，光看也備感有趣。

表參道　▶MAP 附錄 P.10 B-2

☎03-6804-5723　休無休　⏰11:00～
20:00　♀渋谷区神宮前4-3-2
♥地鐵表參道站A2出口即到
Ｐ無

感動體驗等著你

Experience

美麗的清真寺，純白色的沙灘。
東京竟然還有這樣的地方！
在這裡才能感受到的體驗，
應當會成為難忘的回憶。

Beautiful
Stained Glass

東京清真寺
きょうジャーミイ
>>P.120

充滿異國風情的美麗清真寺

彩繪玻璃輝煌閃耀的東京清真寺

日本規模最大的清真寺——東京清真寺是東京裡將日常隔絕在外的異質空間「Heterotopia」。來這座美麗又莊嚴的清真寺看看非日常的光景吧。

Beautiful...!

好像會被光輝奪目的彩繪玻璃迷住心神……

映拜樓（尖塔）與圓頂，令人印象深刻的外觀，現在的建築是於2000年竣工的第2代建築

東京清真寺
とうきょうジャーミイ

日本國內規模最大的土耳其風格的清真寺。可參觀設施內部，能接觸到傳統的鄂圖曼土耳其建築風格。阿拉伯式花紋的彩繪玻璃，以及有著美麗的書法藝術的牆壁等，滿是值得一見之處。

代代木上原 **MAP** 附錄 P.4 A-3

☎03-5790-0760 ⚑無休 🕙10:00～18:00 📍渋谷区大山町1-19 🚃小田急線代代木上原站西口步行5分 🅿無

Tulip

Door knob

Calligraphy

1. 土耳其為鬱金香原產國，壁畫和彩繪玻璃上繪有原生種鬱金香的圖案　2. 朝向聖地麥加進行禮拜　3. 1樓重現土耳其民宅的客廳　4. 美麗的彩繪玻璃　5. 1樓的多功能大廳。還會在此舉辦土耳其料理講座　6. 幾何花紋的門，上面有金色的門把　7. 禮拜堂中有著精美的阿拉伯式花紋　8. 寫著「擁有知識者才有最尊貴的地位」的書法藝術

土耳其的民俗藝品也很吸睛

1樓的商店售有描繪著鬱金香和康乃馨的繪皿，以及土耳其製的小物等。也有很多人會來這裡購買伴手禮。

Tips　在禮拜堂需注意的點

參觀禮拜堂時，女性要圍上頭巾，男女皆得穿著較少暴露肌膚的服裝（亦有出借圍巾、裙子、上衣等）。在禮拜堂內若要攝影需事先徵得許可。禁止拍攝禮拜中的情況及前來禮拜的人。

Cute!

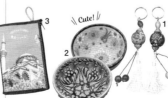

1. 描繪著鬱金香與康乃馨的「鑰匙圈」¥750　2. 繪有色彩繽紛的花朵或綠松石藍的「土耳其繪皿」（小）各¥800　3.「可當錢包的化妝包」¥500

Let's enjoy!

Edo Culture

欣賞傳統藝能，體驗江戶人的感覺！？

體驗江戶文化♪

在東京有諸多能夠觀賞相撲、落語等「江戶傳統藝能」的景點。
前往能欣賞力士們認真的比試與江戶人精髓的地方，出發！

相撲
すもう

1. 力士們認真的比試呈現在眼前，令人熱血沸騰！ 2. 可容納約1萬1000人的大型設施 3.「枡席」是環繞著圍欄的榻敷席。1個區塊除了有3、4人的座位之外，也有可坐5、6人的

勝負未定！
勝負未定！

挑戰喊出
「呦一咻！」
的吆喝聲！

力士們認真的
對決讓觀眾激動不已！

GET觀戰票券！

千秋樂或中日等週末的票券，有可能在開賣當日就售完。2人坐的枡席和量少的溜席也很難買到。鎖定平日或椅子席下手吧。

票券價格（皆為1人之票價）
● 枡席…¥8500～15000
● 溜席…¥20000
● 椅子席…¥3500～9500

購票窗口
● 相撲服務處…☎03-3625-2111（枡席）※僅限多人數之座位
● Ticket大相撲…☎0570-02-9310（枡席、椅子席）

※僅限3歲以下孩童免費入場。售票期間等資訊需向國技館洽詢

觀戰中的享受！

相撲比賽能夠在座位一邊飲食一邊觀戰。在國技館地下樓層製作的名物烤雞串和相撲部屋特製相撲鍋等很受歡迎！

1. 在舉辦場所期間營業的相撲鍋攤的「國技館相撲鍋」¥500 2.「國技館烤雞串」小¥750 3.「力士便當」¥1250。照片為「照之富士便當」

國技館
こくぎかん

能觀看日本的國技──相撲比賽的設施。國技館於1、5、9月會舉辦東京場所（大相撲比賽），能欣賞到扣人心弦的對戰。這裡也會舉辦格鬥等大會，此外，國技館1樓還有相撲博物館（免費參觀※舉辦東京場所期間，則需有觀賞大相撲的票券），在此能欣賞歷代橫綱的錦繪、化妝腰帶等。

兩國 ▶MAP附錄 P.5 D-2

☎03-3623-5111 ※依活動而異
◎墨田区橫綱1-3-28
♥JR兩國站西口即到 P無

享受豐富的演藝表演

鈴本演藝場
すずもとえんげいじょう

位於都內的落語定席之一，誕生於江戶末期，在現存的寄席裡，擁有最悠久的傲人歷史。在這裡能享受落語、漫才、曲藝、俗曲、模仿等各種演藝表演。

▶ 上野 ▶ MAP 附錄 P.16 A-4

☎ 03-3834-5906
休 不定休 ⏰ 日場12:30～16:00、夜場17:30～20:15（日夜交替制）
¥ 3000円（特別公演時會有變動）
♥ 台東区上野2-7-12 ♥ 地鐵上野廣小路站A3出口即到 P 無

1. 進入入口後觀眾席位於3樓　2. 從舞台到最後一排僅17排座位，不論從哪個位置都能清楚地看見表演者細微的動作和表情

落語
らくご

在寄席接觸傳統藝能

新宿末廣亭
しんじゅくすえひろてい

創業超過70年的老字號寄席，為都內4家落語定席之一。是自江戶時代以來，唯一將木造寄席建築氛圍留存至今的老字號劇場，在此上演落語、漫才和各種傳統表演藝術。

▶ 新宿 ▶ MAP 附錄 P.18 B-1

☎ 03-3351-2974
休 無休 ⏰ 12:00～19:15（表演結束為20:30）　¥ 3000円，小學生2200円、大學與國高中生2500円，65歲以上2700円
♥ 新宿区新宿3-6-12 ♥ 地鐵新宿三丁目站C3出口即到 P 無

伴手禮！！

1. 觀眾席1樓為椅子席和榻榻米席，2樓為榻榻米席和長椅席　2. 末廣亭的原創商品「扇子」，男女款皆為¥1500　3. 外觀充滿歷史氛圍

PICK UP 來試試製作傳統工藝品吧！

不只觀賞還想自己實際製作的人，推薦來這裡參加體驗活動！來個傳統工藝品帶回去吧。

東京七寶的首飾
坂森七宝工芸店
さかもりしっぽうこうげいてん

這裡有約2小時的原創七寶燒體驗活動。能製作漂亮的七寶燒墜飾。

自己設計的原創七寶燒墜飾成為旅行的美好紀念

▶ 淺草 ▶ MAP 附錄 P.16 B-4

☎ 03-3844-8251 休 週日、假日、第1、5週六 ⏰ 10:00～17:00（週二為～21:00）　※體驗為週一～六的上午 ¥ 2200円～（團體學生為2000円～） ♥ 台東区元浅草1-2-1 ♥ 地鐵新御徒町站A3出口即到 預約 於電話、官網受理
P 無 HP https://sakamori-shippo.com

會成為一輩子回憶的玻璃杯製作
すみだ江戸切子館
すみだえどきりこかん

1日開放3組參加切子製作體驗活動。挑選喜歡的玻璃杯，刻上切子花紋。

▶ 錦糸町 ▶ MAP 附錄 P.5 D-2

☎ 03-3623-4148 休 週一、日、假日 ⏰ 10:00～17:00，體驗10:30～、13:00～、15:00～　¥ 4950円 ♥ 墨田区太平2-10-9 ♥ JR錦糸町站北口步行6分 預約 於電話、官網受理 P 無
HP http://www.edokiriko.net/

在擁有各種顏色與形狀的玻璃杯刻上切子花紋，製作世界上獨一無二的江戶切子吧

Experience

江戶文化

國技館的1樓，從前面開始到第6排為止的「溜席」又稱作「灑砂席」，會在專線電話（❸P.122）抽籤販售。

想去的時候就能馬上去的海灘！

新宿出現 白色Beach！

出現在新宿大樓屋頂上的超好拍海灘度假村。
雖然不能游泳，但可以在高樓環繞之下，沉浸在度假的氛圍之中♪

出現在新宿正中央的
奢華海灘讓人情緒高漲到MAX

簡直就像在
海邊一般的氛圍！

1. 全長達40m、
超好拍的伸展台
型海灘　2.入口位
於LUMINE EST
的屋頂　3.烤肉
有空手前來方案
（￥3600～）
和有備而來方案
（￥2000～）可選

WILD BEACH SHINJUKU
ワイルドビーチシンジュク

位在大都會正中央，能享受包含咖啡、烤肉在內的
都市型戶外設施。以「5 SENSES」（優越感、氛圍
感、滿足感、期待感、整體感）為理念，在這裡能
擁有非日常的體驗。試著從多采多姿的區域裡，挑
選出與心情相應的吧！

新宿　▶MAP附錄 P.18 A-1

☎070-3884-7290

休不定休（準同LUMINE EST的公休日）※雨天取消、12～2月為
公休（有預定進行變更，需於官網確認）

時11:00～21:30　♀新宿区新宿3-38-1 ルミネエスト屋上

交直通JR新宿站東口　P144輛

Delicious!

3

&MORE

還有這些！
都內的海灘

在豐洲和立川也有像這樣能享受沙灘的地方。
想要稍微享受一下度假氛圍時，
或是想要作個日光浴的時候，就來這裡吧。

WILD MAGIC－The Rainbow Farm－
ワイルドマジックザレインボーファーム

能享受BBQ的都市型戶外公園，擁有
BEACH&LAGOON AREA、SEASIDE
AREA等7個區域。

豐洲 ▶ MAP 附錄 P.5 C-3 （R）
☎無 休不定休 ⏰視區域而異（需預
約）♀江東区豊洲6-1-23
¥BEACH&LAGOON AREA 5500円等
🚃百合海鷗號新豐洲站即到 Ｐ僅限有停
車場之區域（需預約）

3

1. 白色沙灘呈現眼前的BEACH&LAGOON AREA　2. 夜晚氣氛超
棒的FIRE PIT AREA　3. 標準BBQ方案為￥5500起。包含牛、豬、
雞各100g和蔬菜的套餐。附有烤肉用具等，空手前去也OK

TACHIHI BEACH
タチヒビーチ

誕生於立川的「TACHIHI
BEACH」是讓人能在大溪
地氛圍之下悠閒度過時光的
沙灘。除了烤肉和咖啡吧之
外，也有完善的淋浴間，還
能享受泳衣在此作日光浴！

1

立川 ▶ MAP 附錄 P.2 A-4
☎042-512-8719 休無休 ⏰10:00～22:00 ♀立川市泉町
935 🚃多摩單軌電車立飛站即到 Ｐ無

1. 能享受宛如來到大溪地的氛圍！　2. 通往海灘的入場費為
￥350（附1杯飲品）

富有個性的區域在這裡！

LUXURY TERRACE

RUNWAY BEACH

ANNIVERSARY ROOM

3

1. 除了沙發和桌子之外，連擺飾裝設都呈現奢華的氛圍。
能盡情享受屬於大人的度假村　2. 以店家招牌「白色沙
灘」為主。還有超好拍的空間　3. 限定1間的完全包廂空
間。推薦來這裡慶祝紀念日或開派對

Experience

白色Beach

125　「WILD BEACH SHINJUKU」在冬天還會有暖桌登場。

good night...

Stay

體驗與飯店不同風格的「有趣住宿」

STAY在獨特的民宿

便宜又時髦，並且能體驗到和普通飯店不同感受的民宿相繼登場。
不光只是住宿，來留心瞧瞧這些有點不一樣的要素吧！

Point!
從漫畫到外文書，
匯集了約有2500本
類別廣泛的書籍

在書本環繞之下睡去

度過最棒的時光

Relax...

Shelf

STAY DATA

SINGLE	¥3720～
CONFORT SINGLE	¥3740～
SUPERIOR ROOM	¥6000～
In 16:00	Out 11:00

※費用於週六日、假日會有變動

1. 最多能收納4000本書的書架　2. 袖珍房型的單人房　3. 除了牙刷、洗面乳之外，還備有睡衣可供租借　4. 亦設有咖啡廳。「冰黑拿鐵」¥610（上）「雞肉三明治」¥1100（下）

BOOK AND BED TOKYO

ブックアンドベッドトーキョー

在床上看著喜歡的書，醒來時才發現自己睡著了……。以如此幸福的瞬間為主題的「能住宿的書店」。從上下舖房型到包廂型的高級房等，備有各種不同房型的客房。沒有住宿也能僅使用休憩廳空間（1小時￥700並需點1份餐點）。預約請至官網。

新宿　▶ MAP 附錄 P.18 A-1

✉不公開　休無休　休息13:00～19:00
📍新宿区歌舞伎町1-27-5 歌舞伎町APMビル8F
🚉JR新宿站東口步行8分　P無
HP https://bookandbedtokyo.com/ja/shinjuku/

126

Point!
在交誼廳會定期舉辦藝術家現場表演，這裡也是音樂的推廣場所

Enjoy!

想和音樂一起度過
一個難忘的夜晚

Tokyo Guesthouse Oji music lounge
とうきょうゲストハウスおうじミュージックラウンジ

位在飛鳥山公園和石神井川附近的民宿。1樓為酒吧，2樓起為住宿設施，有上下舖、雙床房、雙人房等各種房型。非房客也能使用咖啡廳空間。

王子　MAP 附錄 P.2 B-1
☎03-6903-7256　無休
🕐咖啡廳11:00～14:00、17:00～22:30
📍北区滝野川2-4-17　🚉JR王子站北口步行4分　🅿無

1

4　3　2

STAY DATA	
上下舖	¥2000～
雙人房	¥3500～
和室	¥3500～
4床房	¥5500～
In 14:00～22:00	
Out 7:00～10:00	

1. 空間讓人感覺溫暖的交誼廳，大家都能各隨喜好地放鬆休息　2. 人氣咖啡廳菜單「窯烤披薩」各種¥1200
3. 三溫暖全新開放　4. 4人房，榻榻米相當舒適

Experience

IMANO TOKYO
イマノトウキョウ

位在日本數一數二的鬧區──新宿，能感受IMANO（＝現在的）東京的青年旅館。這裡不只提供住宿，這裡的空間還可以當作共同工作間等，可運用於各種不同情況。

新宿　MAP 附錄 P.18 B-1
☎03-5362-7161　無休
📍新宿区新宿5-12-2　🚉地鐵新宿三丁目站E2出口步行3分
🅿無

Point!
淋浴間和廚房為24小時開放使用，能想用就用這點相當令人欣喜

IMADOKI

能感受到在地東京氛圍的青年旅館

1

民宿

STAY DATA	
10床上下舖	¥3500～
6床上下舖	¥3800～
包廂（和室）	¥6000～
包廂（家庭房）	¥6500～
In 16:00　Out 11:00	

1. 各種資訊與文化交流的場所。這裡還有共同工作間和交誼廳，大家能各隨喜好地在這裡度過時光。此處也會舉辦活動　2. 女性專用上下舖。乾淨整潔，能舒適地待在此處　3. 位於JR新宿站步行也只要10分左右的地方

3　2

127

※這裡所刊載之資訊為2023年1月採訪時之內容。費用可能會修改或視時期而變動。此外，還可能會加收額外的住宿稅。住宿費用除單人房、上下舖房外，皆為2人投宿時1人之費用。

住宿也很享受的人是旅遊達人！

住看看主題飯店
度過開心的飯店生活！

沉浸在主題世界
氛圍之中，在這裡
住宿也很開心呢

1. 靠近入口處的圖書館陳列著約500本以「日本導遊」為主題的書籍（A） 2.「濃茶拿鐵」￥600～。由「侍茶師」一杯一杯地點茶提供（B） 3. 位於6樓「ATELIER MUJI」的Salon（A） 4.「房型D」的客房有著木質調的溫暖，相當舒適（A） 5. 在飯店內的和食店「WA」能品嘗到全日本各地的鄉土風味（A） 6. 有以茶屋為形象設計的4種設計房型（B） 7. 使用抹茶和焙茶製作的「日本茶麵包」￥300～（B）

在日本茶的世界氛圍中好好放鬆

B **HOTEL 1899 TOKYO**
ホテルイチハチキュウキュウトウキョウ

以茶為主題的精品飯店。在附設的日本茶專門咖啡廳中，還能品嘗到創意飲品和甜點。由世界級建築設計公司經手的設計與內部裝潢也會讓人想好好地瞧一瞧。

新橋 ▶ MAP 附錄 P.15 D-2
☎03-3432-1899 IN15:00
🕛12:00 🏠港区新橋6-4-1
¥T22500円～ W11500円～
🚉JR新橋站烏森口步行10分
🅿3輛

展現「無印良品」思想的飯店

A **MUJI HOTEL GINZA**
ムジホテルギンザ

「無印良品」首次於日本推出的飯店。研究睡眠與姿勢後所採用的床墊，親膚質感的浴巾、柔和的照明燈光等，在充滿「無印良品」風格的優質放鬆空間中，療癒旅途中疲憊的身軀。

銀座 ▶ MAP 附錄 P.9 C-2
☎03-3538-6101 IN15:00
🕛11:00 🏠中央区銀座3-3-5
¥17950円～ W13950円～
🚉地鐵銀座站C8出口步行3分
🅿無

還有魅力街區

TOWN

除了經典的觀光區域之外，在東京還有許多充滿魅力的街區。
從話題中的時尚區域到下町，享受漫步逛街的樂趣。

DAIKANYAMA

NAKAMEGURO

JIYUGAOKA

NIHONBASHI

YANESEN

KICHIJOJI

KIYOSUMISHIRAKAWA

The Cream of the
Crop Coffee
清澄白河ロースター
ザクリームオブザクロップコーヒー
きよすみしらかわロースター

≫P.142

WHAT'S?

代官山
DAIKANYAMA

這個街區匯集了引領流行的商店和咖啡廳。巷弄裡獨特的店家也很吸睛！

前往充滿大人成熟氛圍的漂亮街區！

代官山的時尚SHOP

代官山區域距離澀谷一站，與都心之間的交通也超級方便，整個區域充滿了洗鍊時尚的氛圍。稍微走遠一些來這裡探訪看看吧。

Stylish!

重現古早又美好的義大利咖啡廳　`餐廳`

Gourmet
有好多時尚咖啡廳和餐廳！

MR.FRIENDLY 的專賣店　`咖啡廳`

MR.FRIENDLY Cafe
ミスターフレンドリーカフェ

光看就會讓人展露笑顏的可愛角色「MR. FRIENDLY」的咖啡廳。推薦現烤的角色造型一口鬆餅。處處皆為攝影景點。

`代官山` ▶
MAP 附錄 P.18 B-3
☎ 03-3780-0986
休 不定休　⏰ 11:00～18:20
♀ 渋谷区恵比寿西2-18-6 SPビル1F　🚃 東急東横線代官山站北口步行5分
🅿 無

1. 外牆的插畫會不定期變更　　2. 「香蕉&藍莓霜淇淋鬆餅」¥1089　3. 「季節原創飲品」¥737

Caffè Michelangelo
カフェミケランジェロ

面向舊山手通，為代官山地標性存在的咖啡廳。古董風格的家具、燈光照明，以及樹齡300年的欅木，散發出宛如義大利鄉村裡的中庭氛圍。在這裡度過一段忘卻都會喧囂的時光吧。

`代官山` ▶ **MAP** 附錄 P.18 A-3
☎ 03-3770-9517　休 週三　⏰ 11:00～21:15（週六日、假日為10:30～）※15:00～17:30為甜點等的咖啡廳營業時間　♀ 渋谷区猿楽町29-3　🚃 東急東横線代官山站正面口步行5分　🅿 無

1. 陽光從樹影婆娑間灑落的露臺座位　2. 各種口味的義大利麵為¥1400～　3. 甜點附飲料的「甜點套餐」為¥1400～

1. 商品陣容的顏色、花色都相當豐富，當成禮物也會讓人感到歡喜　2. 還有好用的「包袱巾」1條￥770～　3. 職人運用從明治時代起延續至今的染色技法「注染」，手工細心製作「日式手巾」1條￥1100～

最適合當伴手禮！
日式手巾專賣店　▶日式手巾

かまわぬ代官山店
かまわぬだいかんやまてん

日式手巾專賣店「かまわぬ」的總店。一般備有約200種花色的日式手巾。以傳統江戶小紋圖樣為主，還有融入摩登圖樣的花色，以及現代新穎設計的日式手巾。

代官山　▶MAP附錄 P.18 B-3
☎03-3780-0182　休週二　⏰11:00～19:00
📍渋谷区猿楽町23-1　🚉東急東横線代官山站北口即到　🅿無

日本與俄羅斯的
講究雜貨　雜貨

JOHNNYJUMPUP
ジョニージャンプアップ

販售從俄羅斯進口的雜貨、藝術創作家手作的雜貨等。有個性的設計雜貨讓人不管多少都想擁有。尤其是俄羅斯娃娃，從經典圖案到新奇特異，匯集了豐富多元的款式。

代官山　▶MAP附錄 P.18 B-3
☎03-5458-1302　休不定休　⏰12:00～19:00　📍渋谷区代官山町18-3 1F　🚉東急東横線代官山站北口即到　🅿無

Shopping

匯集富有個性且對流行高感度的商店

Cute shop!

1. 迷你尺寸的「微型俄羅斯娃娃企鵝」￥3080　2. 表情可愛的「米沙熊擺飾（陶器）」￥11000
3. 處處擺滿了俄羅斯娃娃

Check!

綠意盎然的散步路徑
特色商家林立的設施

LOG ROAD DAIKANYAMA
ログロードダイカンヤマ

建造於過去為東横線舊鐵路軌道上的商業設施。有餐廳、服飾店、咖啡廳進駐其中。

代官山　▶MAP附錄 P.18 B-3
☎休 視店舖而異　📍渋谷区代官山13-1
🚉東急東横線代官山站正面口步行4分
🅿無

乾燥花環繞的植物空間

COCO BOTANICAL
arrangement　乾燥花
ココボタニカルアレンジメント

販售不比鮮花遜色、色彩鮮麗的乾燥花。顏色會隨時間褪色，增添古董般的復古風情，這點也非常棒！還能依預算請店員將喜歡的花朵作成花束。

代官山　▶MAP附錄 P.18 B-3
☎不公開　休不定休（詳情需於官網確認）　⏰12:00～18:00　📍渋谷区恵比寿西2-20-14 森川コロニー2F　🚉東急東横線代官山站東口即到　🅿無

1.「花環」￥3300～。最適合用來裝飾房間！　2.「頭飾」￥5500。想在特別的場合中配戴　3. 貼著綠色磁磚的時尚外觀　4. 店內都要被乾燥花淹沒了

在「MR.FRIENDLY Cafe」還能買到貼紙、鑰匙圈、馬克杯等的「MR.FRIENDLY」商品。

WHAT'S?

中目黑
NAKAMEGURO

位在都內首屈一指的賞花名勝目黑川周邊，齊聚了富有個性又品味絕佳的店家。

來試試尋找獨特的商品吧

個性派GOODS在中目黑

在時尚年輕人齊聚的街區——中目黑有好多個性雜貨店和商店。一定能找到自己喜愛的、獨特的一件物品。

原創明信片
1張 ¥154

紙膠帶
¥330〜748

旅人筆記本
¥5280

1. 店內也能有現場訂做的客製化空間　2. 原創明信片和紙膠帶很受歡迎　3. 牛皮材質的書衣是很棒的招牌商品

齊聚讓人會想出門旅行的雜貨　雜貨

TRAVELER'S FACTORY
トラベラーズファクトリー

位在中目黑的巷弄裡，宛如秘密基地般地靜靜佇立。以「要讓每天就像是旅遊般度過的道具」為主題，販售旅人筆記本等文具，以及匯集自世界各地的雜貨等商品。

中目黑　▶ MAP 附錄 P.18 A-4
☎03-6412-7830　休週二　🕐12:00〜20:00
📍目黑區上目黑3-13-10　🚇東急東橫線、地鐵中目黑站南出口步行3分　🅿無

匯集具有個性的藝術家作品　雜貨

MIGRATORY
ミグラトリー

以「為每日生活增添色彩」為概念的雜貨店。店家經營的類別廣泛，不分國內外，有創作者的作品、傳統工藝品、生活雜貨等，亦有販售適合成人女性的優質服飾等商品。

中目黑　▶ MAP 附錄 P.18 A-4
☎03-6303-3272
休週二　🕐12:00〜19:00
📍目黑區上目黑2-44-10 1F
🚇東急東橫線、地鐵中目黑站東口步行5分　🅿無

廚房清潔刷
¥990

蘋果小物收納盒
¥13200

桌面清潔刷
¥2750

各¥3300

1、2. 無論店內店外都擺著滿滿的雜貨　3. 德國老字號刷子製造商「REDECKER」的廚房清潔刷　4. 箱根寄木細工的傳統工藝師金指勝悅所做的小物收納盒　5. 大阪皮革工房「Teha'amana」的面紙盒　6.「REDECKER」的桌面清潔刷

Check! 還有諸多好吃的美食!

在中目黑的餐飲店能遠離都市喧囂，享受舒適放鬆的時光。

關東煮

長時間燉煮的關東煮相當美味

鶏だしおでん さもん
とりだしおでんさもん

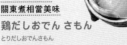

在這家店能輕鬆享用以濃厚雞高湯燉煮的關東煮。懂得美食的人們放鬆地一口一口夾著關東煮吃，這裡也成為了大人的社交場所。店裡備有豐富多種的、與關東煮相搭味的日本酒。關東煮1個￥250起。

中目黑 ▶ **MAP** 附錄 P.18 A-4

☎03-6712-2818
🏠無休 ⏰16:00〜翌2:00（飲品為〜翌2:30）
📍目黑区上目黑3-5-31 🚃東急東橫線、地鐵中目黑站即到 🅿無

角色咖啡廳

史努比主題咖啡廳

PEANUTS Cafe 中目黑
ピーナッツカフェなかめぐろ

與「史努比」有關、以美國西海岸為主題的咖啡廳。能享用以史努比為主題設計的菜單。

© 2023 Peanuts

中目黑 ▶ **MAP** 附錄 P.18 A-3

☎03-6452-5882 🏠不定休 ⏰10:00〜21:00
※可網路預約，用餐時間為90分 📍目黑区青葉台2-16-7 🚃東急東橫線、地鐵中目黑站西口步行10分
🅿無 🔗www.peanutscafe.jp

西洋各國料理

隱密小餐館的人氣午餐

HUIT nakameguro
ユイットナカメグロ

位在目黑川旁的咖啡餐館。擁有大面窗戶，春天時還能從店裡看見櫻花。從白天到夜晚，菜單也相當豐富，很適合隨時來。

中目黑 ▶ **MAP** 附錄 P.18 B-4 ⒼⓇ

☎03-3760-8898
🏠無休 ⏰12:00〜21:00（週五六、假日前日為〜22:00）
📍目黑区中目黑1-10-23 リバーサイドテラス1F 🚃東急東橫線、地鐵中目黑站正面口步行5分
🅿無

跨越時代感受思想
新潮的書籍

COW BOOKS 　書
カウブックス

以1960〜80年代出版的隨筆和散文為主，販售日本、西洋的舊書。一般店裡會陳列著由《生活手帖》的前總編輯——作家松浦彌太郎所嚴選的2000本好書。

提袋（小）
￥16500

《日日》
￥1650

水丸さんからの贈物「日々」

中目黑 ▶

MAP 附錄 P.18 A-3
☎03-5459-1747
🏠週一（逢假日則營業）
⏰12:00〜19:00
📍目黑区青葉台1-14-11
🚃東急東橫線、地鐵中目黑站西口步行8分
🅿無

1. 沿著目黑川走就會到了 2. 使用質地厚實的防潑水帆布製作 3. 以村上春樹作品封面為人熟知的插畫家——安西水丸的圖文集 4. 店中央有大桌子和椅子

將綠意　盆栽
帶進生活吧 Bonsai

Green Scape
グリーンスケープ

以「綠景」為理念的盆栽專賣店，其包含著「希望透過小小的盆栽讓人近距離感受到日本的四季」的想法。亦有讓首次接觸盆栽的人也可以樂享盆栽之趣的商品，能輕鬆帶進生活之中。

銀八房五葉松
￥22000

中目黑 ▶

MAP 附錄 P.18 A-4
☎03-5721-1661
🏠週三 ⏰11:00〜20:00
（週六日、假日為〜19:30）
📍目黑区上目黑1-18-4 🚃東急東橫線、地鐵中目黑站正面口即到 🅿無

1. 盆栽的容器以委託陶藝創作者製作為主，全都是原創的作品 2. 除了盆栽之外，這裡還有販售家飾雜貨

WHAT'S?

自由之丘
JIYUGAOKA

很受歡迎的街區，有著會讓人聯想到歐洲的美麗街道，並且齊聚了時尚的店家。

甜點愛好者的聖地

自由之丘簡直是甜點天堂♡

來到自由之丘，就一定要去巡遊甜點店！
這裡是能逐一造訪東京代表名店的奢華街區。

Sweet time!

充滿創意的美麗巧克力們

「巧克力片」、「巧克力糖」和「千層派蛋糕」等豐富多元的甜點

1. 店裡別緻又沉靜　2. 散水果香氣的「SPECIAL DESSERT Floral Cacao」¥1760　3.「巧克力法式千層酥」¥1430，全都是巧克力　4. 蔬菜多多的「可可與蕎麥粉法式薄餅」¥1320

EAT IN ~~TAKE OUT~~

Café BEL AMER
カフェ ベルアメール

巧克力專賣店「BEL AMER 自由ヶ丘店」裡附設的咖啡廳。在這裡能享受到活用巧克力製作的各式甜點和下午茶。此外，這裡也還有使用可可或巧克力製作的法式薄餅、咖哩和義大利麵的菜單，所以不只是下午茶時間，午餐時間也能來這裡用餐。

自由之丘　▶MAP附錄 P.20 B-3

☎03-6421-1466
休無休　⏰10:30～19:00
📍目黑區自由之丘2-9-4 岡ビル1F
🚃東急東橫線、大井町線自由之丘站正面口步行3分
🅿無

menu
C'est la vie
¥720

活躍於全世界的甜點師
辻口博啓的店

EAT IN | TAKE OUT

Mont St.Clair
モンサンクレール

擁有日本國內外競賽優勝經驗的辻口博啓所開的甜點店。經常備有100種以上的甜點，人氣商品還會在開店後早早就售完。

自由之丘 ▶ MAP 附錄 P.20 B-3
☎03-3718-5200 休週三（此外有不定休） 🕒11:00～18:00
📍目黒区自由が丘2-22-4 🚶東急東橫線、大井町線自由之丘站正面口步行10分 P4輛

1. 白巧克力溫和的甜度與覆盆子微微的酸味，演奏出絕妙的交響曲 2. 位於車站步行10分左右的地方

Sweet smell...

EAT IN | TAKE OUT

Bean to Bar的嶄新巧克力體驗

MAGIE DU CHOCOLAT
マジドゥショコラ

從挑選可可豆到巧克力片製造，全部流程都由主廚進行。以新感覺的生巧克力蛋糕一躍成為人氣店家。

自由之丘 ▶
MAP 附錄 P.20 B-4
☎03-3703-7363
休週二 🕒10:00～19:00（咖啡廳為～17:30）
📍世田谷区奥沢6-33-14
🚶東急東橫線、大井町線自由之丘站南口步行3分
P無

menu
MAGIE DU CHOCOLAT
¥480～

1. 將可可豆風味發揮至極限的經典商品
2. 店內的內用空間有6個座位

JIYUGAOKA » TOWN

menu
奶油地瓜燒
¥350～

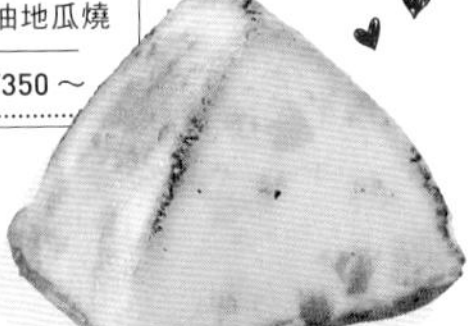

EAT IN | TAKE OUT

點單後開始烤製的
絕品奶油地瓜燒

粉と卵
こなとたまご

使用講究產地和生產者的食材製作，提供「安全又美味」的甜點。店家細心手作的商品齊聚一堂。

1. 建築外觀是令人感覺溫暖的橘色 2. 地瓜加上鮮奶油和奶油，再將表面焦糖化的甜點。為秤重販售

自由之丘 ▶ MAP 附錄 P.20 B-4
☎03-3718-0901 休週一；第1、3週二（逢假日則翌日休）
🕒9:00～19:00 📍世田谷区奥沢5-2-5 🚶東急目黑線奧澤站即到 P無

EAT IN | TAKE OUT

MONT-BLANC
モンブラン

蒙布朗蛋糕發祥的老字號店

以創業90年為傲的老字號西點店。除了有蒙布朗等經典蛋糕之外，每個月還會發表新產品。亦設有露臺座位。

自由之丘 ▶ MAP 附錄 P.20 B-3
☎03-3723-1181 休週二不定休 🕒10:00～18:00
📍目黒区自由が丘1-25-13 岩立ビル 🚶東急東橫線、大井町線自由之丘站正面口步行3分
P無

menu
蒙布朗
¥670

1. 北海道的生鮮奶油、愛媛縣的栗子奶油等，使用4種鮮奶油 2. 因重新開發工程而於2023年2月10日起移至臨時店鋪營業

自由之丘簡直是甜點天堂♡

Check! 前往甜點主題公園

色彩繽紛又超好拍的甜點！

JIYUGAOKA SWEETS FOREST
じゆうがおかスイーツフォレスト

EAT IN | TAKE OUT

概念呈現與內部裝潢煥然一新，內有韓國甜點、咖啡廳等9間店首次進軍日本。館內裝潢陳設可愛，有好多值得按下快門一拍的地方！

自由之丘 ▶ MAP 附錄 P.20 B-4
☎03-5731-6600 休無休 🕒10:00～19:30 📍目黒区緑が丘2-25-7 ラ・クール自由が丘2F 🚶東急東橫線、大井町線自由之丘站南口步行5分 P無

Atmosphere
的花朵香草奶油
¥580

可愛的馬卡龍也可當成禮物！

MND COFFEE
的 WAVE TOAST
各 ¥680

奶油起司塗抹得有如波浪一般的吐司

 「MONT-BLANC」會於每年秋季舉辦發表諸多新產品的「菓子祭」。

WHAT'S?

日本橋
NIHONBASHI

這個街區同時擁有仍帶著江戶氛圍、具有歷史的一面，以及因重新開發而變得先進的一面。

自江戶時代起延續至今的歷史街區

日本橋的復古SPOT介紹

在江戶時代作為商業中心區而繁盛的日本橋。
遊逛和紙、洋食老店，來沉浸在穿越時光的氣氛吧！

HISTORY TIPS
在江戶時代這裡被定為五街道的起點。其身影也經常出現在浮世繪之中

位在橋中央的麒麟像，還有在東野圭吾的小說中登場！

橋名柱的獅子像腳踩著東京市徽

架設於江戶時代，具有歷史的橋樑

日本橋 ┃史蹟┃
にほんばし

橫跨日本橋川，為國道1號起點的橋樑。江戶時代在德川家康的命令之下架設的橋樑。現在的石造拱橋為明治時代所架設的，獲指定為國家重要文化財。

日本橋 ▶MAP 附錄 P.7 D-3
自由參觀　中央区日本橋1　地鐵三越前站B5出口即到　無

匯集使用高級和紙製作的小物

榛原 ┃和紙┃
はいばら

HISTORY TIPS
19世紀於萬國博覽會推出和紙，帶給世界的設計運動不小的影響

匯集購自日本各地的優質和紙，以及使用和紙製作的小物、信紙。能隨喜好裁切長度的「蛇腹信紙」¥550～等，原創商品具有出眾的創新設計特色，亦頗具魅力。

日本橋 ▶MAP 附錄 P.7 D-3
03-3272-3801　假日　10:00～18:30（週六、日為～17:30）　中央区日本橋2-7-1 東京日本橋タワー　地鐵日本橋站B6出口即到　無

色緣信紙信封套組（全4色）各¥1320

1. 套組裡有相同顏色的信紙6張、信封3個　2. 榮獲優良設計獎的店鋪

136

蒲公英蛋包飯
¥1950

1. 把鋪在雞肉炒飯上的歐姆蛋劃開，滑嫩的半熟蛋就會蔓延開來　2. 店裡充滿西洋氛圍

文人們也會去的洋食名店

たいめいけん　`洋食`

持續90年以上受到大眾喜愛，日本橋具代表性的洋食老店。在1樓能享受到一般輕鬆用餐的菜單，而在2樓則能品嚐到高級正式西餐的菜單。

HISTORY TIPS
以喜愛美食出名的作家——池波正太郎等，因諸多名人會前來用餐而出名

`日本橋` ▶`MAP`附錄 P.7 D-3
☎ 03-3271-2464（預約）
休 1樓 週一；2樓 週日、一、假日
⏰ 1樓 11:00～20:30（週五、假日為～19:00）；2樓 11:00～14:00、17:00～20:00
📍 中央区日本橋1-8-6　🚇地鐵三越前站B6出口即到　🅿 無

千疋屋特製聖代
¥2750

1. 能品嚐滋味受正好吃的7種季節裡有約100個座位　2. 2樓的寬敞空間

天保年間創業的
水果甜點咖啡廳

千疋屋総本店
日本橋本店
せんびきやそうほんてん
にほんばしほんてん　`咖啡廳`

販售精選水果的專賣店。1樓為水果賣場和咖啡廳，2樓則設計成水果甜點咖啡廳。

HISTORY TIPS
日本第一家水果專賣店。在明治時代轉型成水果甜點咖啡廳的前身水果食堂

`日本橋` ▶`MAP`附錄 P.7 C-2
☎ 03-3241-1630
休 不定休　⏰ 11:00～19:30、1樓賣場為10:00～19:00
📍 中央区日本橋室町2-1-2
🚇直通地鐵三越前站A7、A8出口　🅿 無

榮太樓餡蜜聖代
¥715

和菓子老店經營的
懷念風味

Nihonbashi E-Chaya
ニホンバシイーチャヤ　`咖啡廳`

這家和菓子咖啡廳位在以糖果出名的老店「榮太郎總本鋪 日本橋本店」內，能享受到榮太樓提倡的講究風味。

HISTORY TIPS
創業超過200年，自江戶時期創業時起便一直在日本橋地區營業

1. 淋上自家公司製造的蜜糖醬，風味具有深度的聖代　2. 在輕鬆的氛圍之中休息片刻

`日本橋` ▶`MAP`附錄 P.7 D-3
☎ 03-3271-7785　休 週日、假日　⏰ 10:00～17:00
📍 中央区日本橋1-2-5　🚇地鐵日本橋站B9出口即到　🅿 無

Check!

在這裡GET伴手禮

COREDO室町2
コレドむろまちツー

這裡有諸多能享受老店和名店新風味的新業態店家。地下1樓還有推出能享受「現做」的食物販售區。

`日本橋` ▶`MAP`附錄 P.7 D-2
☎ 視店鋪而異　休 不定休　⏰ 視店鋪而異
📍 中央区日本橋室町2-3-1　🚇地鐵三越前站A4、A6出口即到　🅿 290輛

現炸地瓜條
1包（120g）¥500

使用橄欖油炸製完成的限定商品

絕品！現炸地瓜條

`1F` 日本橋 芋屋金次郎
にほんばしいもやきんじろう

裡面設有油炸工房的地瓜點心專賣店。完全不使用任何添加物，就連地瓜品種和栽培方法都徹底講究。
☎ 03-3277-6027　⏰ 11:00～20:00

栗千本
¥2200

在口感Q彈柔嫩的大福上，鋪滿高級栗子泥的蒙布朗

現做的蒙布朗

`B1` 栗りん　くりん

使用最高級的栗子製作，也很講求外觀質感的蒙布朗專賣店。能在當場看到甜點最後的完成步驟。
☎ 03-6262-6667　⏰ 11:00～21:00
（售完打烊）

WHAT'S?

谷根千
YANESEN

谷中、根津、千駄木一帶的俗稱。昭和復古氛圍的街區，在年輕人間蔚為話題。

在散發復古魅力的區域吃遍美食♪

溫暖心靈的谷根千美食散步

傳統的商店街和神社等，谷根千散發著復古懷舊的氛圍。
來這裡像貓咪一樣隨心所欲地散步，尋找質樸又有深度風味的美食吧

1. 昭和復古的懷舊氛圍　2. 鹽與橄欖油的專賣店「おしおり一ぶ」

散發下町風情令人能安心
放鬆休憩的場所

❶ 上野桜木あたり 　複合設施
うえのさくらぎあたり

翻修屋齡85年左右的3間日本房屋而成。有幾家具有個性的店鋪進駐其中，也經常使用巷弄或房屋舉辦活動。

谷根千　▶MAP 附錄 P.16 B-2
🅟休⤴視店鋪而異
📍台東區上野桜木2-15-6　🚶JR日暮里站南口步行10分　🅿無

Start!
日暮里站

步行
10分

步行
25分

香甜暖心的滋味

❷ 根津のたいやき 　鯛魚燒
ねづのたいやき

排隊人潮絡繹不絕的鯛魚燒店。店家以烤得酥脆的薄薄外皮，以及使用北海道特選紅豆製作的紅豆餡自豪。別忘了留心瞧瞧一個一個細心烤製的「一丁燒」職人技術。

谷根千　▶MAP 附錄 P.16 A-2
☎03-3823-6277 ※繁忙時無法接聽
🅟不定休　⤴10:00～售完打烊（14:00左右）　📍文京區根津1-23-9-104
🚶地鐵根津1號出口步行5分
🅿無

鯛魚燒 ¥210

連魚尾也都塞滿了紅豆餡

文豪也喜愛的
美麗古社

❸ 根津神社 　神社
ねづじんじゃ

據傳為日本武尊所創建，擁有輝煌歷史的神社。境內有7棟重要文化財，以身為現存規模最大的江戶神社建築為傲。

步行
3分

谷根千　▶MAP 附錄 P.16 A-2
☎03-3822-0753 🅟無休
⤴6:00～17:00（夏季為5:00～18:00）　📍文京區根津1-28-9
🚶地鐵根津站1號出口步行5分
🅿23輛

朱紅色的樓門與綠色的太鼓橋色彩鮮明亮眼

藥膳特製咖哩
（五穀米）¥2200

1. 店家最為推薦的菜單，據說擁有改善體質和糖尿病的效果
2. 店內裝潢溫馨

Spicy!!

讓身體由內而外暖和起來的咖哩

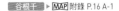

❹ 薬膳カレーじねんじょ
やくぜんカレーじねんじょ

咖哩

步行
16分

咖哩醬裡加了8種蔬菜、11種辛香料、6種和漢藥材，提供進化為有不同功效的咖哩。咖哩吃起來風味意外地溫和又易入口，因而獲得好評。

谷根千 ▶ MAP 附錄 P.16 A-1
☎03-3824-3162
休週一（逢假日則翌日休）
▲11:30～16:00、17:30～21:00（週四僅供應午餐，週六日、假日為11:00～21:00）
♀台東區谷中5-9-25　♥JR日暮里站西口步行5分　P無

步行
3分

有很多貓咪的街道
以走在街道上，就會屢屢遇見貓咪而聞名。這裡也有很多與貓咪有關的店。
ニャ～

充滿古早又美好氛圍的商店街

商店街

步行
5分

❺ 谷中銀座
やなかぎんざ

位在JR日暮里站和地鐵千駄木站的中間位置，支援周圍人們生活的商店街。在170m左右的街道裡，林立著熟食店、點心店等約70間店鋪，作為邊走邊吃零點也很受歡迎。

谷根千 ▶ MAP 附錄 P.16 A-1
♥JR日暮里站西口步行5分

1. 平日傍晚和假日會因人潮眾多而熱鬧不已
2. 穿過商店街就是「夕陽漸漸」的階梯

Goal!
日暮里站

Check!　谷中銀座的美味SHOP在這裡♪

能品味世界各地的咖啡
自家焙煎珈琲cafe 満満堂
じかばいせんこーひーカフェまんまんどう

還有「金鍔」¥150等的和菓子

咖啡 ¥420～

這家日式咖啡廳講求鮮度，烘焙、萃取嚴選自世界各地的咖啡豆。由於種類豐富，迷惘時就試著向老闆請教看看吧。

谷根千 ▶ MAP 附錄 P.16 A-1
☎03-3824-4800　休週一（逢假日則翌日休）、每月10日（有可能變動）　▲10:30～17:30　♀荒川區西日暮里3-15-4　♥JR日暮里站西口步行5分　P無

以貓咪為主題設計的烤甜甜圈
やなかしっぽや

1. 氛圍簡單又可愛的店家
2. 甜甜圈有各種不同貓咪的名字

以貓咪尾巴為圖案設計的棒狀烤甜甜圈專賣店。有巧克力、蔗砂糖等，10種以上的甜甜圈。

谷根千 ▶ MAP 附錄 P.16 A-1
☎03-3822-9517　休不定休　▲10:00～18:00（週六日、假日為～19:00）
♀台東區谷中3-11-12　♥JR日暮里站西口步行5分　P無

烤甜甜圈 各¥120～

在「谷中銀座」的店家店門、遮雨棚上等處潛藏著7隻木雕貓咪，來試著找找看吧。

自然環境豐富又療癒的綠洲城鎮

在吉祥寺找到喜歡的東西！

以經常登上「最想居住的地區排行榜」而聞名的吉祥寺。在井之頭公園悠閒地放鬆之後，盡情地遊逛雜貨店和咖啡廳吧！

WHAT'S?

吉祥寺
KICHIJOJI

這裡從大型公園到商業設施、隱密的巷弄皆有，是男女老少都能開心遊玩的街區

步行3分
0　　　240m

1. 假日時會舉行手作作品展覽和街頭表演　2. 櫻花樹環繞的划船場，備有天鵝船等3種類型的船

在吉祥寺的綠洲悠閒地放鬆 公園

井之頭恩賜公園
いのかしらおんしこうえん

Spot
前往各種設施齊聚的井之頭公園GO！

約1萬6000棵樹環繞，諸多野鳥和季節花卉生息的東京綠洲。園內還有動物園和划船場，很適合在這裡隨心所欲地散步。來這裡欣賞四季不同的風景，遠離都會的喧囂吧。

吉祥寺　▶ MAP 附錄 P.20 A-2

☎0422-47-6900　🕐自由入園　📍武藏野市御殿山1-18-31
🚉JR、京王井之頭線吉祥寺站南口步行5分　🅿160輛

Goods

有好多時尚又有個性的商店

各¥5500 天堂系列圓盤 ARABIA

KAY BOJESEN 猴子（小）柚木 ¥24750

Unique!

36×ほしのしほ 人物數字印章 ¥4180（1組）

1. 擺滿了生活雜貨和餐具　2. 北歐設計中具代表性的存在　3. 色彩鮮明的ARABIA 圓盤

懷舊又獨特的文具

36 Sublo

`文具`

サブロ

這家文具店販售可愛又獨特的設計文具。從海外商品到原創產品，店內擺滿了富含個性的文具。

`吉祥寺` ▶ `MAP` 附錄 P.20 A-1

📞0422-21-8118　🏠週二　📅12:00～19:00　📍武藏野市吉祥寺本町2-4-16 原ビル2F　🚃JR吉祥寺站中央口步行5分　🅿無

1. 擺出數字姿勢的人物印章，也有個別販售（¥550）　2. 小巧的空間裡擺滿了講究的文具！

集結來自世界各地的高品味雜貨

`雜貨`

Free Design

フリーデザイン

以北歐為主，從世界各國的名品到現代誕生的新經典商品，匯集了從使用者角度精選的優質商品。

`吉祥寺` ▶ `MAP` 附錄 P.20 A-1

📞0422-21-2070　🏠無休　📅11:00～19:00　📍武藏野市吉祥寺本町2-18-2 2F　🚃JR吉祥寺站北口步行5分　🅿無

3種菜色的熟食盤餐 ¥1606

Cafe

在自然氛圍的咖啡廳悠閒地放鬆♪

來自巴黎，講求手作的吉祥寺人氣店家！

`烘焙麵包店`

LIBERTÉ PÂTISSERIE BOULANGERIE

リベルテパティスリーブーランジェリー

使用巴黎直送的麵粉和發酵奶油等，講究使用優質食材的麵包店。1樓有開放式工房兼麵包店面，2樓咖啡廳則還有沙發座和桌椅座，相當寬敞。

1. 季節性的3種菜色與綠色蔬菜沙拉的盤餐　2. 櫥窗中陳列著各種使用當季食材製作的麵包和蛋糕

`吉祥寺` ▶ `MAP` 附錄 P.20 A-1

📞0422-27-6593　🏠無休　📅10:00～19:30（週六日、假日為9:00～，2樓內用為～11:00，2樓咖啡廳為11:00～19:00）　📍武藏野市吉祥寺本町2-14-3　🚃JR吉祥寺站北口步行7分　🅿無

風味新鮮的霜凍優格

`霜凍優格`

ウッドベリーズマルシェ

在這家咖啡廳能品嚐到現做的新鮮霜凍優格。使用季節水果製作的聖代和三明治等，備有使用優格製作的豐富菜單。

`吉祥寺` ▶ `MAP` 附錄 P.20 A-1

📞0422-27-1981　🏠無休　📅11:00～19:30　📍武藏野市吉祥寺本町1-20-14 クスミビル1F　🚃JR吉祥寺站中央口步行3分　🅿無

草莓聖代 ¥1600

1. 位在「ヨドバシカメラ」的後面　2. 在北歐風格的店內，還有販售有機水果　3. 使用的水果會隨季節替換
※聖代與水果三明治為10～4月的限定商品

KICHIJOJI ≫ TOWN 在吉祥寺找到喜歡的東西！

「井之頭恩賜公園」的櫻花約在3月中旬至下旬盛開。

受到美妙的香氣吸引……

前往咖啡街區——清澄白河

自「BLUE BOTTLE COFFEE」開幕以來，便以咖啡激戰區之姿持續吸引眾人關注。來這裡逛街，品嚐最新的咖啡吧。

1. 超好拍的外牆　2. 備有5～6種的單一產區咖啡　3. 有好多咖啡袋　4. 滴濾式手沖供應　5. 改造倉庫而成的店鋪

1. 「滴濾式手沖咖啡」（R）¥350　2. 「本日咖啡」為¥350　3. 櫃檯位在店的最裡面　4. 店面風格低調　5. 暖簾上有著以老闆出身地北海道為形象設計的標誌　6. 還有加了酒的品項

配咖啡一起吃的「白脫牛奶比司吉」¥200

清澄白河的烘豆先驅

The Cream of the Crop Coffee
清澄白河ロースター
ザクリームオブザクロップコーヒーきよすみしらかわロースター

LORING公司製造的大型烘豆機引人矚目，是清澄白河首次出現的烘豆工房咖啡廳。每日會考量天候、濕度等情況來烘焙嚴選自世界各地的咖啡豆。在這裡除了能品嚐沖的咖啡，也能購買咖啡豆。

清澄白河　▶MAP 附錄 P.21 A-2
☎03-5809-8523　休週一　⏰10:00～18:00　♀江東区白河4-5-4　🚇地鐵清澄白河站B2出口步行10分　🅿1輛

一杯一杯手工沖泡

The Northwave Coffee
ザノースウェーブコーヒー

位在「高橋商店街：流浪小黑路」的咖啡店。在狹長的店裡，刻意不擺放桌子，而是在櫃檯對面放置長凳。一邊與在櫃檯內工作的老闆暢聊咖啡，一邊品嚐風味絕佳的一杯。

清澄白河　▶MAP 附錄 P.21 A-1
☎03-6659-2929　休無休　⏰12:00～19:00　♀江東区高橋14-24　🚇地鐵清澄白河站A2出口即到　🅿無

1. 大洋洲具代表性的咖啡「馥列白」￥490。滑順的牛奶與濃縮咖啡融合而成的一杯　2. 踏進店裡在大片玻璃後有著大型的烘豆工房　3. 翻新過去的木材倉庫建築而成

所謂美味的咖啡就是「科學與技術」

Allpress Espresso Tokyo Roastery & Cafe

オールプレスエスプレッソとうきょうロースタリーアンドカフェ

來自紐西蘭的咖啡廳。由選豆開始，從精細的調配到烘豆都以縝密的計算為基礎，為顧客提供「最棒的一杯」。也提供大洋洲式的咖啡。

清澄白河 ▶ MAP 附錄 P.21 A-2

☎03-5875-9131　無休　■9:00～17:00（週六、日為10:00～18:00）　♀江東区平野3-7-2　地鐵清澄白河站B2出口步行10分　P無

Check! 接觸自然恢復精神！

綠意富饒最適合休憩的名勝

清澄庭園

きよすみていえん

以泉水、假山、枯山水為主體的迴遊式林泉庭園。擁有約140年的傲人歷史，也因岩崎彌太郎曾參與建造而出名。

清澄白河 ▶ MAP 附錄 P.21 A-1

☎03-3641-5892　無休　■9:00～16:30　￥150円、小學生以下免費　♀江東区清澄3-3-9　地鐵清澄白河站A3出口步行3分　P無

1.「原味鬆餅」￥600和「綜合咖啡」￥500　2. 寬敞的店內擺設著古董家具　活用差點被拆除的倉庫

於有名的公寓登場

fukadaso cafe

フカダソウカフェ

屋齡50年的公寓兼倉庫1樓重生成了咖啡廳。使用清澄白河咖啡專賣店「ARiSE」深焙咖啡豆所沖泡的咖啡，跟鬆餅非常對味。

 清澄白河 ▶ MAP 附錄 P.21 A-1

☎03-6321-5811　週二、三　■13:00～18:00（週五為～21:00）　♀江東区平野1-9-7 101　地鐵清澄白河站A3出口步行5分　P無

1.「滴濾式手沖咖啡（單一產區）」￥648～　2. 翻新倉庫而成。白牆是店家的標記　3. 展現咖啡師精湛手藝的「拿鐵咖啡」￥748　4. 挑高寬敞的店內

值得紀念的日本1號店

BLUE BOTTLE COFFEE 清澄白河 FLAGSHIP CAFE

ブルーボトルコーヒーきよすみしらかわフラッグシップカフェ

在東京掀起第三波咖啡熱潮，來自加州的咖啡店。使用在自家公司烘豆工房烘焙的咖啡豆，一杯一杯以滴濾式手工沖泡。

清澄白河 ▶ MAP 附錄 P.21 A-1

☎不公開　無休　■8:00～19:00　♀江東区平野1-4-8　地鐵清澄白河站A3出口步行10分　P無

在「BLUE BOTTLE COFFEE 清澄白河 FLAGSHIP CAFE」不只有咖啡，手工餅乾和燕麥穀片也非常受歡迎。

能一邊觀光
一邊慢跑

挑戰

皇居慢跑！

以觀光的心情輕鬆地
Let's慢跑！

FUN

這裡也有很多
野生生物喲

皇居周邊是位於東京中樞的都會綠洲，亦是日本數一數二的人氣慢跑景點，能用觀光的心情在這裡跑步。

皇居慢跑受歡迎的理由

距離易懂好算

皇居外圍1周約5km，女性跑完的平均時間大概是30分左右。

無紅綠燈順暢好跑

能一直跑不用停下等紅燈，這在東京是很難得的地方。

景色優美

周圍綠意盎然，在慢跑中能欣賞隨四季流轉生長的花草。

1. 能欣賞護城河和丸之內大樓群的對比景色，這也是皇居慢跑才有的享受　2. 還能在護城河見到天鵝等水鳥之姿
3. 橫跨於皇居正門護城河的「二重橋」是人氣觀光名勝

美麗景觀呈現眼前的都會綠洲

皇居外苑 こうきょがいえん

生長著約2000棵黑松的大草坪廣場、充滿江戶城風貌的護城河及城門等呈現出美麗的景觀，是能讓人感受到自然與歷史的療癒景點。

綠意富饒的都會綠洲，還有設置長椅，要稍作休息時也很方便

很好跑而且景色也很棒，是我喜歡的路線。也很推薦給剛開始慢跑的人！

讀者模特兒
Rina Tanaka

就由我告訴各位！

🏃 皇居　▶ MAP 附錄 P.6 A-4
☎ 03-3213-0095　🕐自由入園　♀千代田区皇居外苑1-1　🚇地鐵二重橋前站B6出口即到　🅿無

RUNNING!

照片協力：PIXTA

RUNNING MAP

1周約5km

北の丸公園　竹橋

千鳥淵

平川門

北桔橋門

D 皇居東御苑

代官町通り

E 天守閣遺跡

千鳥ヶ淵公園

御所

皇居

A 大手門

中潤濠

新宮殿

半蔵濠

內堀通り

內掘通り

二重橋

皇居外苑

B 楠木正成像

櫻田門

C 櫻田門

時桜
計田
台門

日比谷公園

START&GOAL POINT

A 大手門
おおてもん

舊江戶城的正門，現在為前往皇居東御苑的入口。內側放置著舊大手門渡櫓之鯱。

震撼力十足的模樣令人神往

E 千鳥淵
ちどりがふち

以賞櫻名勝為人熟知的護城河，櫻花時節會有從全日本各地100萬人以上的觀光客前來造訪。3月到11月底之間，划船場也會開放。

B 楠木正成像
くすのき まさしげぞう

活躍於鎌倉時代末期至南北朝時代的武將——楠木正成之像。散發威風凜凜、栩栩如生的氣勢。

D 天守閣遺跡
てんしゅかくあと

位於皇居東御苑內的舊江戶城天守閣遺跡。東御苑內禁止慢跑，參觀時請多留意。

C 櫻田門
さくらだもん

為皇居慢跑起點的人氣景點。有第一和第二門，也因是發生「櫻田門外之變」的地點而出名。

與第二門的枡形城門

⚠ 慢跑時需留意的地方

・依逆時針方向繞跑　　・請勿邊跑邊使用手機等設備
・步道需以行人優先　　・以適合自己的節奏跑步

PICK UP

在「跑站」輕鬆加入慢跑行列

MARUNOUCHI Bike & Run
マルノウチバイクアンドラン

這裡的特色是位於直通東京站的好地點，以及擁有由知名設計師打造的時髦空間。除了有衣物等的租借之外，還有出租自行車，對觀光也很方便。

1

1. 內部裝潢設計簡約洗錬　2. 女性專用的化妝室裡設有好萊塢燈泡化妝鏡　3. 寬敞的自由活動空間

2

3

所謂的「跑站」是？

「慢跑站」的通稱，設有更衣室、淋浴間，是設備完善、針對慢跑者打造的設施

丸之內　▶MAP附錄 P.6 B-3

☎03-6269-9806　休無休　⏰6:30～21:20（週六日、假日為～18:20）　¥900円（租借費另計）　※首次使用將收取1次入會金1000円　♀千代田区丸の内1-5-1 新丸の内ビルディングB1　🚇直通地鐵東京站M9出口　P無

LET'S

擁有復古魅力的
在地電車

搭世田谷線
尋找可愛的東西

世田谷沿線散發著悠閒放鬆的氛圍，在這裡有好多充滿魅力的咖啡廳。前往參拜豪德寺的同時，好好地享受一下吧。

最近個人經營的餐飲店越來越多，每間的菜單都可愛又好拍！

作家
Sayuri Kissho

就由我告訴各位！

世田谷
SETAGAYA

咖啡廳

BRICK LANE
ブリックレーン

位於世田谷通旁的咖啡廳。手作烘焙點心和庫克太太三明治廣獲好評，特別是杯子鮮奶油蛋糕很受歡迎，建議大家要早點前往。

世田谷線沿線 ▶ MAP 附錄 P.20 A-4
☎ 03-6413-0157　休週二
🕚 11:30～18:00　♀世田谷区世田谷1-15-14
🚃 東急世田谷線世田谷站即到　🅿無

能拿著走的杯子鮮奶油蛋糕!?

1. 「杯子鮮奶油蛋糕」¥618～賣完就沒了。此外還有季節性的杯子蛋糕　2. 小巧的咖啡廳

若林 WAKABAYASHI	西太子堂 NISHI-TAISHIDO	三軒茶屋 SANGEN-JAYA

銜接田園都市線

松陰神社前
SHOIN-JINJA-MAE

有好多充滿品味的文具＆雜貨！

雜貨

1mm market
いちミリマーケット

這間店販售日本國內外的文具、廚房雜貨、家飾用品等。每月會推出2次新商品，其中也有在日本少見的歐洲、美國等地的文具。

1. 店裡陳列著約400件商品　2. 全都是光拿著就能讓心情飛揚的物品　3. 小小的木製招牌是店家的標記

世田谷線沿線 ▶ MAP 附錄 P.20 A-4
☎ 050-3450-9515　休週日（此外有不定休）　🕚 11:00～16:30（週六、假日為12:00～）　♀世田谷区世田谷4-13-18　🚃 東急世田谷線松陰神社前站即到　🅿無

ⓟ TOKYU-SETAGAYASEN

在東京與都電荒川線同為為數不多的路面電車。充滿復古氛圍並受到當地人的喜愛。從三軒茶屋搭到下高井戶也只要不到20分

Let's
GO!

東急世田谷線
とうきゅうせたがやせん

貫穿世田谷區東部，從三軒茶屋站到下高井戶站之間長約5km，由2輛編成車廂串聯10站的在地路線。於90多年前通車，是東急電鐵唯一的路面電車路線。

在招財貓發祥寺院祈求開運

躲貓貓！

1. 因成為井伊家的菩提寺而興盛的寺院，是求開運結良緣的能量景點　2. 在三重塔發現4隻貓咪　3. 人們還願獻納的招財貓有1000隻以上。是「彥根喵」的形象設計原型

宮之坂　MIYANOSAKA

寺院

豪德寺
ごうとくじ

與井伊家有淵源的寺院，與今戶神社、自性院同樣作為招財貓發祥地而聞名。境內處處皆是被視為吉祥物的招財貓，真是令人嘆為觀止。

世田谷線沿線 ▶ MAP 附錄 P.20 A-3
☎03-3426-1437　休無休　⏰6:00～17:30（辦公室櫃檯為8:00～16:30）
※有季節性變動　♀世田谷区豪德寺2-24-74　🚉東急世田谷線宮之坂站步行5分　🅿約10輛

1. 店裡採用木製古董家具統一風格　2. 現烤的法式鹹派￥1000　3. 環境舒適到連附近的貓咪也想來這裡休息

山下　YAMASHITA

在流淌著異國風情的店裡輕鬆品嚐法式料理

咖啡廳

cafe PICON BER
カフェピコンバー

以法式料理為主，備有能輕鬆享用的菜單。可以不用拘束地享用餐點，在當地客人之間也廣受好評。酒精類飲品也相當豐富，晚上也可當作酒吧前來小酌。

世田谷線沿線 ▶ MAP 附錄 P.20 A-3
☎03-3420-9977　休週二　⏰13:00～22:00（飲品為～22:30）
♀世田谷区豪德寺1-45-2　🚉東急世田谷線山下站即到　🅿無

HOT！

靈活運用豆子的個性所沖泡的精品咖啡

咖啡小站

IRON COFFEE
アイアンコーヒー

位於「豪德寺商店街」一角的咖啡小站。2022年開了烘豆工房，亦有販售咖啡豆。

世田谷線沿線 ▶ MAP 附錄 P.20 A-3
☎不公開　休週三　⏰8:30～19:30（週六日、假日為9:00～18:00）
♀世田谷区豪德寺1-18-9　🚉東急世田谷線山下站步行3分　🅿無

1.「卡布奇諾」￥600。有著巧克力和焦糖般香甜風味的濃縮咖啡，再加上細緻的奶泡，搭起來味道超棒
2. 講究的自家烘豆

下高井戶 SHIMO-TAKAIDO ─ 松原 MATSUBARA ─ 山下 YAMASHITA 這裡！ ─ 宮之坂 MIYANOSAKA ─ 上町 KAMIMACHI ─ 世田谷 SETAGAYA 這裡！ ─ 松陰神社前 SHŌIN-JINJA-MAE 這裡！

這裡！

銜接京王線

銜接小田急線豪德寺站

147

能觀賞魔術＆舞蹈的
娛樂表演酒廊

L&S TOKYO
エルアンドエストーキョー

能欣賞到融合舞蹈與魔術的
新感覺表演秀。在面前展現
的桌上魔術表演，以及專業舞
者帶來的表演秀，有值得前來
一見的價值。

🚇 六本木 ▶ **MAP** 附錄 P.14 B-3
☎03-6434-9111 🈺週日、祝日
19:00～翌1:00（表演秀為20:30～、
22:30～） ♀港区六本木5-8-2
HEIBON六本木ビル5F 🚇無
木站3號出口即到 🅿無

MENU

座位費用
男性 ￥3000
女性 ￥2000
表演秀費用
￥2000

稅另計、服務費10%，餐
點、飲品另計。亦有包含喝
到飽等的優惠套餐方案。
（需預約）

好多有趣的
表演♪

パチ
パチ

SURPRISE

ドキ
ドキ

DOKI
DOKI

請盡情欣賞帥氣＆
豪華的表演秀

還有好多好多不為人知的東京！

東京的深夜！

SUPER
STAR!!

一定要看看
令人落淚（？）
的表演秀！！

WOW!
SEXY!

讓你意亂神
迷哦～♡

夜晚的東京，瀰漫著與白天別具
一格的魅力。華麗的舞蹈、模
仿秀等，來一窺令人目眩神
迷、深藏不露的世界吧。

華麗的表演秀和有趣的脫口秀吸引所有目光！

ひげガール

由具有個性又性感的變裝藝術表演者們，
帶來華麗又喜感的舞蹈秀，非常精彩。表
演秀為週二～週六的19時起及22時起，1
日舉辦2場。

🚇 新宿 ▶ **MAP** 附錄 P.18 B-1
☎03-5292-1275 🈺週日（週一為假日則營業）
🈺18:00～翌1:00 ♀新宿区歌舞伎町1-2-8 2ウ
ィザードセブンビル5F 🚶JR新宿站東口步行7分
🅿無

MENU

1SET90分
￥6750
延長30分
￥4050
第2回起為另計座位費用
￥2700

餐點、飲品另計。
還有平日限定的早鳥優惠方案等。

難得來到東京，晚
上不出來玩一下
就太可惜啦！有超
級多會令人難忘
的個性景點

攝影師
Aya Oshima

就由我告訴各位！

宛如本尊到場！
讓人捧腹大笑的模仿秀

そっくり館 キサラ
そっくりやかたキサラ

在這家表演秀餐廳能觀賞電視上大家熟悉的實力派模仿藝人之表演。表演秀結束後還能跟到觀眾席繞場的藝人拍攝紀念照。

新宿 ▶ **MAP** 附錄 P.18 B-1
☎03-3341-0213（15：00～23：30）
🈚無休 🕐第1場18：00～20：30、第2場21：00～23：00 📍新宿区新宿3-17-1 いさみやビル8F 🚈JR新宿站東口步行3分 🅿無

充滿臨場感的舞台令人情緒激昂！

不笑我就要開槍打你了喔

MENU
第1場
表演秀＋自助百匯
吃到飽＋喝到飽 ¥6000

第2場
表演秀＋喝到飽 ¥4000

第1場、第2場都能加¥1000
使用前5排的前方座位。
（需預約）

PICK UP

療癒玩得累翻的身體 深夜營業的SPA

盡情暢遊夜間景點後，浸泡在天然溫泉中消除疲勞吧。
三溫暖、岩盤浴等，溫泉以外的設備也很充實！

1. 露天浴池「神代之湯」使用每日自中伊豆運送過來的天然溫泉　2. 需注意岩盤浴的營業時間為12～24時

泡天然溫泉恢復精神
テルマー湯 テルマーゆ

擁有天然溫泉的露天浴池、關東規模最大的高濃度碳酸浴等具有魅力的設施。此外，精心設計的岩盤浴和添加氫離子水的礦泥面膜等，還有讓女性欣喜的服務。

新宿 ▶ **MAP** 附錄 P.18 B-1
☎03-5285-1726 🈚設備檢查保養日 🕐24小時※浴室、三溫暖為3：00～7：00不可使用 💴2600円（週六日、假日為3500円）※有深夜加成費用、延長費用 📍新宿区歌舞伎町1-1-2 🚈JR新宿站東口步行9分 🅿無

散發度假氛圍的都會樂園
東京巨蛋天然溫泉 Spa LaQua
とうきょうドームてんねんおんせんスパラクーア

位在東京巨蛋，休閒設施齊全的SPA。除了有從地下1700m湧出的天然溫泉之外，還有男女可一同享受的低溫三溫暖等，裡頭齊聚了豐富的設備。

後樂園 ▶ **MAP** 附錄 P.5 C-2
☎03-3817-4173 🈚不定休（有因設施檢查保養的休館日）🕐11：00～翌9：00（浴室使用為～翌8：30）💴3230円（時段加成等費用另計）📍文京区春日1-1-1 🚈地鐵後樂園站1號出口即到 🅿170輛

1. 充滿高挑寬敞的感覺，天然溫泉的露天浴池　2. 由足湯、酒吧、休憩廳所組成的區域於2023年4月全新登場

神田祭 神田祭

日期：2023年5月11日～17日
地點：神田明神（千代田区外神田2-16-2）
費用：免費
官網：https://www.kandamyoujin.or.jp/kandamatsuri/

山王祭 山王祭

日期：2023年6月7日～17日
地點：日枝神社（千代田区永田町2-10-5）
費用：免費
官網：https://www.tenkamatsuri.jp/

隅田川煙火大會 隅田川花火大会

日期：2023年7月29日
地點：隅田川畔
費用：有付費觀賞席，價格視座位而異
官網：https://www.sumidagawa-hanabi.com/

隅田川放水燈 隅田川とうろう流し

日期：2023年8月12日
地點：隅田川吾妻橋兩岸
費用：參觀免費，水燈1盞1500円
官網：無

東京拉麵節 東京ラーメンフェスタ

日期：2023年10月26日～11月5日
地點：駒澤奧林匹克公園（世田谷区駒沢公園1-1）
費用：入場免費，拉麵餐券（1碗）1000円
官網：https://ra-fes.com/

神田舊書節 神田古本まつり

日期：2023年10月27日～11月3日
地點：神保町舊書店街（千代田区神田神保町）
費用：免費
官網：https://twitter.com/kanda_kosho

東京其他有趣的
慶典&活動

※每年舉辦的日期不盡相同，也有停辦的可能。建議在排定行程時再次上官網確認。

世田谷舊貨市集 世田谷のボロ市

日期：2023年1月15日～1月16日
地點：舊貨市集通一帶（世田谷区世田谷1丁目）
費用：免費入場
官網：https://setagaya.guide/events/setagaya-boroichi/

王子稻荷神社風箏市集
王子稻荷神社凧市

日期：2023年2月5日、2月17日
地點：王子稻荷神社（北区岸町1-12-26）
費用：免費入場
官網：無

上野櫻花祭 うえの桜まつり

日期：2023年3月17日～4月9日
地點：上野恩賜公園（台東区上野公園）
費用：免費入場
官網：https://ueno.or.jp/sakuramatsuri2023/

春日牡丹祭 春のぼたん祭

日期：2023年4月8日～5月7日
地點：上野東照宮牡丹苑（台東区上野公園9-88）
費用：入苑費大人（國中生以上）1000円、小學生以下免費
官網：https://uenobotanen.com/schedule/spring/

暗闇祭 くらやみ祭

日期：2023年4月30～5月6日
地點：大國魂神社（府中市宮町3-1）
費用：免費
官網：https://www.ookunitamajinja.or.jp/matsuri/5-kurayami.php

ACCESS GUIDE 交通指南

DEPARTURE

[首先要前往東京]

不可不知！
Key Point

◆從臺灣直飛東京羽田機場有從松山機場及桃園機場出發的班機，飛行時間約在3小時左右。

◆除了羽田機場外也有直飛成田機場的班機，但抵達後需轉乘電車或巴士前往東京市區，交通時間約半小時到1小時。

◆春、夏季有許多活動，可能會較難預訂機票。

臺灣直飛東京羽田機場的班機

航空公司	出發地點	需時 ⏱TIME	參考票價（單程）💲PRICE	班數
中華航空	✈ 松山	3小時～3小時15分	2645～	1天4班（部分由日本航空營運）
長榮航空	✈ 松山	2小時45分～3小時15分	2457～	1天4班（部分由其他航空公司營運）
全日空	✈ 松山	2小時45分～3小時15分	2702～	1天4班（部分由其他航空公司營運）
日本航空	✈ 松山	3小時～3小時15分	3309～	1天4班（部分由中華航空營運）
樂桃	✈ 桃園	3小時15分	1679～	1天1班
台灣虎航	✈ 桃園	3小時15分	1986～	1天1班

從機場前往最近的觀光地區

羽田機場	🚃 京急機場線（快特）、JR山手線 約40分 ¥470	▶ 東京站
	🚃 京急機場線 約45分 ¥570	▶ 淺草站
	🚃 京急機場線（快特）、JR山手線 約50分 ¥470	▶ 澀谷站
	🚃 京急機場線（快特）、JR山手線 約55分 ¥500	▶ 新宿站
成田機場	🚃 京成特急 Skyliner、JR 山手線 約1小時 ¥2,730	▶ 東京站

RESERVATION & CONTACT

✈ 航空公司洽詢專線

中華航空	☎412-9000
長榮航空	☎02-2501199
全日空	☎02-2521198
日本航空	☎02-8177700
樂桃	☎02-2656320
台灣虎航	☎02-7753108

CHECK!
行前須知

從羽田機場前往都內的交通方式，輕輕鬆鬆就能抵達目的地的利木津巴士相當方便。要前往東京站、新宿站等都心主要的轉運站及台場等也不用轉乘，都能直接抵達。要前往淺草和東京晴空塔®，可搭乘京急線直達。要到都心則不論是從羽田機場第1、第2航廈站都能搭乘東京單軌電車，非常方便。

刊載內容為2023年9月的資訊，時刻表和票價可能會有變動，出發時請事先確認。

HOW TO GO TO TOKYO

ACCESS GUIDE 交通指南
ARRIVAL

[抵達東京後要怎麼走？]

不可不知！
Key Point

◆主要景點之間的移動大多依靠鐵道。請活用都內縱橫交錯的JR和地鐵。
◆JR山手線是移動的基本工具。班距3～6分，班次很多，非常方便。
◆透過地鐵月台上的柱子上的「のりかえ便利マップ」確認轉乘的車廂！

東京簡明交通 MAP

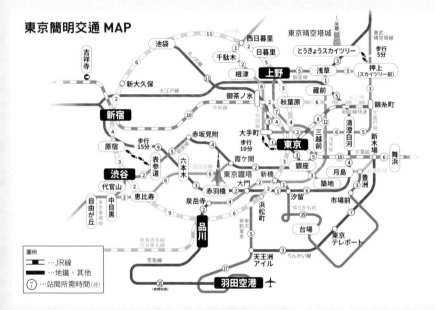

圖例
 …JR線
 …地鐵、其他
⑦ …站間所需時間(分)

<table>
</table>

羽田機場→淺草

前往淺草 / P58

 電車（京急線、地鐵淺草線）　約45分，¥570
TRAIN
▶羽田機場第1、第2航廈站→〈京急機場線、地鐵淺草線直達〉→淺草站

巴士（利木津巴士）　約1小時20分，¥1100
BUS
▶羽田機場→〈利木津巴士〉→淺草ビューホテル
▶1～3小時1班　※深夜清晨費用為¥2000

東京站→淺草站

電車（JR山手線、地鐵銀座線）　約25分，¥330
TRAIN
▶東京站→〈JR山手線〉→上野站→〈地鐵銀座線〉→淺草站

羽田機場→東京站

前往東京站 / P114

 電車　約40分，¥470
TRAIN
▶羽田機場第1、第2航廈站→〈京急機場線〉→品川站→〈JR山手線〉→東京站
▶從羽田機場到東京站的電車白天1小時5～12班
▶山手線為白天3～6分1班

 巴士（京急巴士、利木津巴士）　約45～55分，¥1000
BUS
▶羽田機場→〈羽田機場巴士、利木津巴士〉→東京站八重洲北口
▶1小時1～2班

★ TRAVEL TIPS ★

CONVENIENT VEHICLE

FOR ARRIVAL

便利的移動方法

《観光巴士》 Tourist bus

八公巴士　¥100

以澀谷站為起點，行經原宿、表參道、千駄谷、代代木的社區巴士。

☎03-3413-7711（東急巴士）　●澀谷站西口

發車7:30～19:30（神宮之杜路線）　主要路線【神宮之杜路線】渋谷駅ハチ公口→明治神宮（原宿駅）→表参道ヒルス→表参道駅→千駄ヶ谷駅（東京体育館）→代々木駅→渋谷駅ハチ公口

Chii-Bus　¥100

行駛於港區的100日圓巴士。除了行駛於六本木新城周邊的青山路線之外，還有田町路線、赤坂路線等8種路線。

☎03-3455-2213（FUJIEXPRESS）

●六本木新城發車7:44～20:04（青山線）

主要路線【青山路線】六本木ヒルズ→西麻布→目黒医療センター→表参道駅→赤坂見附駅（赤有運駅路線）

台東區循環巴士「Megurin」　¥100

除了有以上野為中心，繞駛淺草、谷中等處的「東西Megurin」之外，還有「北Megurin」、「南Megurin」、「Guruuri Megurin」。

☎03-5246-1361（台東區交通對策課）

●東西Megurin為上野站發車7:59～19:19（週六日、假日為8:59～）

主要路線【東西Megurin】上野駅→谷中銀座、よみせ通り→京成上野駅→雷門通り→新御徒町駅→上野

《水上巴士》 Water bus

TOKYO CRUISE

營運10種類型豐富又具有個性的船隻。乘船處有淺草、台場海濱公園、豐洲、日之出碼頭、濱離宮等7個地點。

❌無休　●視路線而異

¥HIMIKO號（淺草～台場海濱公園）1720円、（淺草～豐洲）2220円　●台東区花川戸1-1-1　●地鐵淺草站5號出口即到

前往東京晴空塔城 P100

羽田機場→東京晴空塔城

🚆 TRAIN　電車（京急線、地鐵淺草線）　約45分・¥570
▶羽田機場第1、第2航廈站→〈京急機場線、地鐵淺草線直達〉→押上（晴空塔前）站

🚌 BUS　巴士（晴空塔穿梭巴士®）　約50分～1小時10分・¥1000
▶羽田機場→〈晴空塔穿梭巴士®、羽田機場線〉→東京スカイツリータウン
▶白天1～2小時1班

東京站→東京晴空塔城

🚆 TRAIN　電車（地鐵丸之內線、半藏門線）　約20分・¥200
▶東京站→〈地鐵丸之內線〉→大手町站→〈地鐵半藏門線〉→押上（晴空塔前）站

前往表參道 P38

羽田機場→表參道

🚆 TRAIN　電車（京急線、JR山手線）　約45分・¥470
▶羽田機場第1、第2航廈站→〈京急機場線〉→品川站→〈JR山手線〉→原宿站

東京站→表參道

🚆 TRAIN　電車（地鐵丸之內線、銀座線、千代田線）　約20～25分・¥200
▶東京站→〈地鐵丸之內線〉→赤坂見附站→〈地鐵銀座線〉→表參道站
▶東京站→〈地鐵丸之內線〉→國會議事堂前站→〈地鐵千代田線〉→明治神宮前（原宿）站

前往銀座 P48

羽田機場→銀座站

🚆 TRAIN　電車（京急線；地鐵淺草線、銀座線）　約45分・¥620
▶羽田機場第1、第2航廈站→〈京急機場線、地鐵淺草線直達〉→新橋站→〈地鐵銀座線〉→銀座站

東京站→銀座站

🚆 TRAIN　電車（地鐵丸之內線）　約2分・¥170
▶東京站→〈地鐵丸之內線〉→銀座站

前往澀谷 P108

羽田機場→澀谷站

🚆 TRAIN　電車（京急線、JR山手線）　約50分・¥470
▶羽田機場第1、第2航廈站→〈京急機場線〉→品川站→〈JR山手線〉→澀谷站

東京站→澀谷站

🚆 TRAIN　電車（JR山手線）　約27分・¥200
▶東京站→〈JR山手線〉→澀谷站

前往東京鐵塔 P106

羽田機場→東京鐵塔

🚆 TRAIN　電車（京急線、地鐵大江戶線）　約45分・¥470
▶羽田機場第1、第2航廈站→〈京急機場線〉→大門站→〈地鐵大江戶線〉→赤羽橋站

東京站→東京鐵塔

🚆 TRAIN　電車（JR山手線、地鐵大江戶線）　約25分・¥340
▶東京站→〈JR山手線〉→濱松町站→〈步行〉→大門站→〈地鐵大江戶線〉→赤羽橋站

英文D-H

● Dandelion Chocolate FACTORY & CAFE KURAMAE ………… 111
● DECKS東京Beach ………… 103
● DECORA CREAMERY ………… 23
● DEMEL ………… 117
● DESIGN FESTA GALLERY 原宿 ……… 47
● Diver City Tokyo Plaza ………… 103
● DUMBO Doughnuts and Coffee ……… 31
● EATALY銀座店 ………… 49
● EBISU BANH MI BAKERY ………77
● EBISU 青果堂 ………… 31
● ecute東京 ………… 114
● Eggs 'n Things 原宿店 ………… 83
● EMANON THE SOUL SHARE KITCHEN ………… 79
● ESPRESSO D WORKS ………… 90
● Fatima Morocco ………… 44
● Fika ………… 117
● Fluria ………… 108
● Flying Tiger Copenhagen 表参道ストア ………… 118
● Frédéric Cassel ………… 116
● Free Design ………… 141
● Fromagerie Alpage ………… 33
● FUGLEN TOKYO ………… 25
● fukadaso cafe ………… 143
● G.C.PRESS 銀座直営店 ………57
● galerie doux dimanche ………… 45
● Garden Pool ………… 35
● Ginger Garden Aoyama ………… 27
● GINZA SIX ………… 48

● AYANOKOJI ………… 109
● Ballon ………… 76
● bills 銀座 ………… 50
● BLOOM244 ………… 77
● BLUE BOTTLE COFFEE 清澄白河 FLAGSHIP CAFE ………… 143
● BOOK AND BED TOKYO ………… 126
● BREAD, ESPRESSO & ………… 81
● BRICK LANE ………… 146
● bubó BARCELONA 表参道本店 ………… 41
● BUY ME STAND 渋谷店 ………… 78
● CAFE & DINING ZelkovA ………… 43
● Café BEL AMER ………… 134
● Cafe de Peru ………… 30
● Cafe La Bohème Odaiba ………… 89
● Café Otonova ………… 63
● cafe PICON BER ………… 147
● CAFE Stylo ………… 57
● Caffè Michelangelo ………… 130
● CAMELBACK sandwich & espresso ………24
● CANAL CAFE ………… 90
● CAROLINE DINER ………… 39
● CENTRE THE BAKERY ………… 77
● CIBONE CASE ………… 49
● COCO BOTANICAL arrangement ………… 131
● collex ………… 109
● CORED0室町2 ………… 137
● COW BOOKS ………… 133
● CRAFT CHOCOLATE WORKS ………… 110
● crisscross ………… 42

符號及數字

● & sandwich ………… 76
① 1LDK AOYAMA ………… 45
● 1mm market ………… 146
● 21_21 DESIGN SIGHT ………… 95
● 21_21 NANJA MONJA ………… 95
● 36 Sublo ………… 141
● 365日 ………… 81

英文A-C

● A to Z cafe ………… 46
● ABOUT LIFE COFFEE BREWERS ……92
● AIN SOPH.GINZA ………… 51
● Alice on Wednesday TOKYO ……… 68
● Allpress Espresso Tokyo Roastery & Cafe ………… 143
● AMAM DACOTAN 表参道店 ………… 81
● ANALOG CAFE/LOUNGE TOKYO ……91
● AQUA CiTY ODAIBA ………… 103
● ARGITAL ………… 112
● ART AQUARIUM MUSEUM GINZA ……34
● ATELIER MATCHA ………… 84
● Athénée Français ………… 68
● AWESOME STORE TOKYO ………118

● 美食　● 景點　● 購物　● 體驗　● 療癒

Special Thanks

Thank you!

●New York Lounge ·············86
●Nicolai Bargmann NOMU ·········38
●Nihonbashi E-Chaya ·········137
●OLD-FASHIONED STORE TOKYO ·····115
●ON SUNDAYS ··············47
●Orient Cafe ··············99
●OSAJI谷中店 ·············113
●Parlor Vinefru 銀座 ·········85
●PEANUTS Cafe 中目黒 ·········133
●PIERRE MARCOLINI 銀座本店 ·····53
●POMOLOGY ··············117
●Qu'il fait bon GRAND MAISON GINZA ···53
●RAINBOW PANCAKE ·········83
●Red Rock 原宿店 ··········73
●ROLL ICE CREAM FACTORY ·····23
●SAKANOUE CAFE ···········85
●Salon de Louis 2号店 ·······27
●SALON GINZA SABOU ········52
●San Francisco Peaks ········39
●SANAGI SHINJUKU ·········28
●Sarabeth's 東京店 ·········71
●Shake Shack 外苑いちょう並木店 ·····41
●SHIBUYA PUBLISHING & BOOKSELLERS
　本店 ················24
●SHIRO ················113
●SKY BUS東京 ············102
●Sky Lounge Stellar Garden ·······88

●LE BRETAGNE神楽坂店 ········33
●Le Pain Quotidien 東京ミッドタウン店 ··80
●LENÔTRE ···············116
●LIBERTÉ PÂTISSERIE BOULANGERIE
　·····················141
●LINA STORES表参道 ········40
●LiQumu 原宿店 ···········26
●LOG ROAD DAIKANYAMA ······131
●Lugdunum Bouchon Lyonnais ·······32
●LUKE'S LOBSTER 表参道店 ·····41
●MAGIE DU CHOCOLAT ·······135
●Marché du petit four Johan ·····116
●MARUNOUCHI Bike & Run ·····145
●Melting in the mouth ·········23
●MICASADECO＆CAFE神宮前 ·····83
●MIGRATORY ·············132
●MILLE-FEUILLE MAISON FRANÇAIS ··117
●Minimal 富ヶ谷本店 ········110
●MISOJYU ···············71
●MoMA Design Store ·········47
●Mont St.Clair ············135
●MONT-BLANC ············135
●MR.FRIENDLY Cafe ·····68・130
●MUJI HOTEL GINZA ········128

●GINZA 芭蕉堂 ···········49
●Giolitti Cafe 有楽町店 ········84
●GONTRAN CHERRIER 青山店 ·····81
●GRANSTA MARUNOUCHI ·····115
●GRANSTA TOKYO ··········114
●GRANSTA TOKYO Keiyo Street Area ···114
●green bean to bar CHOCOLATE 中目黒店
　·····················111
●Green Scape ············133
●HOLLANDISCHE KAKAO-STUBE ···116
●HOTEL 1899 TOKYO ········128
●HUIT nakameguro ·········133

英文I-M

●IMANO TOKYO ···········127
●INFINI ················117
●iriya plus café ＠カスタム倉庫 ·····63
●IRON COFFEE ············147
●ISHIYA NIHONBASHI ········30
●ISOLA SMERALDA ·········89
●jeRiz ················116
●JIYUGAOKA SWEETS FOREST ·····135
●JOHNNYJUMPUP ·········131
●Jurlique 伊勢丹新宿店 ·······112
●KIMONO RENTAL wargo 東京浅草店 ··59
●L & S TOKYO ············148
●LA BETTOLA da Ochiai ·······51
●La Cucina Felice ··········109
●La Maison SHIROKANE ·······108
●LAITIER ················22

英文N-S

●N.Y.C.SAND ············114
●NATA de Cristiano ·········25
●NATURAL KITCHEN & ·······101
●NEAL'S YARD REMEDIES ·····113
●Neue ················115

● 上野桜木あたり ················· 138
● 千疋屋総本店 日本橋本店 ····· 137
● 大丸東京店 ······················· 115
● 中村藤吉銀座店 ·················· 49
● 中城聖誕節 ·························· 35
● 井之頭恩賜公園 ················· 140
● 天空LOUNGE TOP of TREE ······· 101
● 日本橋 ······························ 136
● 日本橋 芋屋金次郎 ············· 137
● 木挽町廣場 ························· 55
● 牛庵 ·································· 72
● 六本木新城觀景台 TOKYO CITY VIEW/SKY
  DECK(森大樓52樓/頂樓) ······· 104
● 正ちゃん ···························· 67
● 仲見世通 ························· 58・60
● 伊勢丹新宿店 ····················· 117
● 匠の焼き菓子 CONGALI 文明堂 ··· 117
● 宇田川カフェ 別館 ················ 91
● 有明花園 ···························· 103
● 自家焙煎珈琲cafe 満満堂 ······· 139
● 舟和 仲見世2号店 ················ 60
● 羽田機場第2航廈觀景台 ······· 105
● 坂森七宝工芸店 ·················· 123
● 寿司大 ······························· 74
● 谷中銀座 ···························· 139

八～九劃

● 並木藪蕎麦 ························· 75
● 和kitchenかんな ·················· 85
● 岡本太郎記念館 ··················· 46
● 幸せのパンケーキ 表参道店 ····· 82

● TWENTYEIGHT ····················· 87
● Viennoiserie JEAN FRANÇOIS ······· 49
● WARNER BROS.STUDIO TOUR TOKYO-
  THE MAKING OF Harry Potter ··· 16
● WATARI-UM美術館 ··············· 47
● WILD BEACH SHINJUKU ········· 124
● WILD MAGICThe-Rainbow Farm- ··· 125
● WORLD BREAKFAST ALLDAY ··· 70
● Yakiniku.ushicoco. ················ 73

日文假名

● ウッドベリーズマルシェ ········· 141
● おいもやさん興伸 浅草伝法院東通店 ··· 60
● かまわぬ代官山店 ················ 131
● すみだ江戸切子館 ················ 123
● そっくり館キサラ ················· 149
● たいめいけん ····················· 137
● たねや ······························ 117
● テルマー湯 ························· 149
● ひげガール ························· 148
● ひみつ堂 ···························· 85
● ふなわかふぇ ······················ 65
● まめや 金澤萬久 ·················· 117
● やさいの王様 銀座店 ·············· 51
● やなかしっぽや ··················· 139
● よろし化粧堂 ······················ 61

三～七劃

● 三得利美術館 ······················ 95

● SKYTREE CAFE ···················· 100
● SKYTREE ROUND THEATER® ··· 100
● SOL'S COFFEE ······················ 92
● SOUVENIR FROM TOKYO ········ 94
● Spiral Market ······················ 44
● Starbucks Reserve® Roastery Tokyo ··· 79
● SUKE6 DINER ······················ 62

英文T-Y

● T4 TOKYO ·························· 105
● TACHIHI BEACH ·················· 125
● Tea Stand...7 ······················· 27
● The Cream of the Crop Coffee 清澄白河
  ロースター ························· 142
● THE GREAT BURGER ············· 73
● THE LOBBY LOUNGE ·············· 87
● THE LOUNGE ······················ 87
● The MAPLE MANIA ··············· 114
● The Northwave Coffee ··········· 142
● TODAY'S SPECIAL ················ 109
● Tokyo City i 東京旅遊服務中心 ··· 12
● TOKYO GIFT PALETTE ··········· 115
● Tokyo Guesthouse Oji music lounge ··127
● TOKYO MILK CHEESE FACTORY ··· 114
● TOKYO PAO ························· 73
● TOKYO RUSK ····················· 114
● tokyo salonard cafe : dub ········ 91
● TOKYO!!! ···························· 115
● TRAINIART TOKYO ··············· 115
● TRAVELER'S FACTORY ··········· 132
● TRAVELER'S FACTORY STATION ··· 115

●美食　●景點　●購物　●體驗　●療癒

Special Thanks

Thank you!

● 鈴芳 …………………………66
● 壽々喜園×ななや コラボショップ ……65
● 榛原 ……………………………136
◉ 歌舞伎座 …………………………55
● 漆器 山田平安堂 …………………49
● 豪德寺 ………………………147
● 銀座 月光荘画材店 ……………57
● 銀座 伊東屋　本店 ………………56
● 銀座三越 ……………………116
● 墨田水族館 ……………………101
● 薬膳カレーじ ねんじょ ………………139
● 澀谷Hikarie ……………………108
● 濱文樣 …………………………115
● 舊古河庭園 ……………………99
● 舊岩崎邸庭園 …………………99
● 鶏だしおでん さもん ………………133

● 皇居外苑 ……………………144
● 紅鶴 …………………………82
● 美術館商店 …………………95

十劃以上

● 草間彌生美術館 …………………20
● 根津のたいやき …………………138
● 根津神社 ………………………138
● 海鮮丼 大江戸 …………………74
● 粉と卵 …………………………135
● 粋れん …………………………61
● 純喫茶マウンテン ………………65
● 栗りん …………………………137
● 國立西洋美術館 ………………96
● 國立科學博物館 ………………97
● 國立國會圖書館 國際兒童圖書館 …99
● 國立新美術館 …………………94
● 國技館 ………………………122
● 堀内果実園 ……………………101
● 淺草寺 …………………………58
● 淺草花屋敷 ……………………16
● 清澄庭園 ………………………143
● 麻布台Hills ……………………16
● 黒田屋本店 ……………………61
● 森美術館 ………………………95
● 森美術館禮品店 ………………95
● 新宿末廣亭 ……………………123
● 椿サロン 銀座店 ………………82
● 資生堂 PARLOUR 銀座本店 SALON DE
　CAFÉ …………………………52
● 鈴本演藝場 ……………………123

● 東京あんぱん豆一豆 ……………114
● 東京中城八重洲 …………………16
● 東京巨蛋天然温泉 Spa LaQua ……149
● 東京日法學院 …………………33
● 東京迪士尼度假區 ………………17
● 東京迪士尼海洋 …………………17
● 東京迪士尼樂園 …………………17
● 東京站丸之内車站建築 …………115
● 東京國立博物館 ………………97
● 東京清真寺 ……………………120
● 東京晴空塔® …………………100
● 東京晴空塔城 …………………100
● 東京晴空街道 ……………16・101
● 東京鳩居堂 銀座本店 ……………57
● 東京都恩賜上野動物園 …………96
● 東京寶格麗酒店 ………………16
● 東京鐵塔 ………………………106
● 東急歌舞伎町塔 …………………16
● 東洋文庫博物館 ………………98
● 杵屋 …………………………60
● 松屋銀座 ………………………117
● 浅草 梅園 ……………………64
● 浅草きびだんご あづま …………60
● 浅草たけや ……………………61
● 浅草ちょうちんもなか …………60
● 浅草今半 国際通り本店 …………75
● 浅草酒場 岡本 …………………67
● 浅草浪花家 ……………………64
● 表参道bamboo …………………43
● 表参道燈飾點燈活動 ……………35
● 青之洞窟 SHIBUYA ………………35
● 品川馬克賽爾水上公園 …………105
● 染絵手ぬぐい ふじ屋 ……………61

東京

作者／昭文社媒體編輯部
翻譯／李詩涵
特約編輯／彭智敏
內頁排版／李筱琪
發行人／周元白
出版者／人人出版股份有限公司
地址／231028 新北市新店區寶橋路 235 巷 6 弄 6 號 7 樓
電話／(02)2918-3366（代表號）
傳真／(02)2914-0000
網址／www.jjp.com.tw
郵政劃撥帳號／16402311 人人出版股份有限公司
製版印刷／長城製版印刷股份有限公司
電話／(02)2918-3366（代表號）
香港經銷商／一代匯集
電話／（852）2783-8102
第一版第一刷／2023 年 11 月
定價／新台幣 380 元
港幣 127 元

國家圖書館出版品預行編目 (CIP) 資料

東京／昭文社媒體編輯部作；李詩涵翻譯 . --
第一版 . -- 新北市：人人出版股份有限公司，
2023.11
　面；　公分 . -- (繽紛日本；5)
ISBN 978-986-461-360-1(平裝)
1.CST: 旅遊 2.CST: 日本東京都

731.72609　　　　　　　112016762

■ **本書使用注意事項**

●本書刊載的內容為2022年12月～2023年2月時的資訊，有可能已經變更，使用時請事先確認。各種費用也有因稅率調整而變更的可能性，因此有部分設施標示的費用為未稅金額。另外，各設施為因應新冠肺炎疫情，營業日、營業時間、開幕日期，以及大眾運輸系統的運行等預定皆有可能更改，出發前請務必在各活動或設施的官網，以及各地方單位的網站上確認最新消息。因本書刊載的內容而產生的各種糾紛或損失，敝公司無法做出補償，敬請諒解之後再利用本書。
●由於電話號碼是各設施洽詢用的號碼，有可能非當地號碼。在使用導航等搜尋位置時，有可能出現與實際不同的地點，敬請留意。
●公休日僅寫出固定的休息日，未包括臨時休業、盂蘭盆節及新年假期。
●開館時間及營業時間基本上為入館截止時間或最後點餐時間。
●在費用的標示上，入場費等基本上為大人的金額。
●住宿費基本上為旅遊淡季的平日，2人使用1間客房時1人的費用。但也有部分飯店標示的是1間客房的房價。
●交通方式為主要前往方式及估計的所需時間。使用IC卡時運費及費用有可能不同。
●停車場未區分免費或收費，有停車場時會以車位數表示。
●關於本書中的地圖
測量法に基づく国土地理院長承認（使用）R 4JHs 19-136442　R 4JHs 20-136442　R 4JHs 21-136442　R 4JHs 23-136442　また、この地図の作成に当たっては、航空写真撮影をもとに作成したデータベースMAPPLE 2500を使用した。

※本書若有缺頁或裝訂錯誤可進行更換。未經許可禁止轉載、複製。

My Baggage

— 走吧，出門旅遊去 —

In Bag

- ☐ 錢包　　有帶日幣嗎？
- ☐ 票券
- ☐ 手帕／面紙
- ☐ 筆記本／筆
- ☐ 旅行指南
- ☐ 常備藥品
- ☐ 雨具
- ☐ 護照

Clothes

- ☐ 　　　／
- ☐ 　　　／
- ☐ 內衣褲
- ☐ 襪子
- ☐ 毛巾
- ☐ 睡衣　　有帶暖暖包嗎？
- ☐ 泳衣／禦寒衣物及用品
- ☐ 驅蟲劑

Toiletries

- ☐ 化妝包
- ☐ 洗髮精／護髮乳
- ☐ 沐浴乳
- ☐ 洗面乳／卸妝用品
- ☐ 牙刷　　有帶眼鏡嗎？
- ☐ 隱形眼鏡／清潔液
- ☐ 生理期用品

Gadget

- ☐ 手機
- ☐ 相機　　有帶記憶卡嗎？
- ☐ 充電器／行動電源

- ☐
- ☐

Must To Do

- 難 得 來 玩 就 不 要 錯 過 -

GO
想去的地方！

- ☐
- ☐
- ☐
- ☐
- ☐
- ☐

PHOTO
想拍的照片！

- ☐
- ☐
- ☐
- ☐
- ☐
- ☐

EAT
要吃的美食！

- ☐
- ☐
- ☐
- ☐
- ☐

BUY
要買的東西！

- ☐
- ☐
- ☐
- ☐
- ☐
- ☐

DO
必做的事情！

- ☐
- ☐
- ☐
- ☐
- ☐
- ☐
- ☐
- ☐
- ☐
- ☐
- ☐

什麼都不做也很好！

- ☐ Do Nothing

Enjoy your trip!

My Schedule

DAY 3

Destination   Transportation

AM :   Breakfast/

PM :   Lunch/

NIGHT :   Dinner/

Back home

DAY 2

Destination   Transportation

AM :   Breakfast/

PM :   Lunch/

NIGHT :   Dinner/

STAY

DAY 1

Destination   Transportation

Let's go

PM :   Lunch/

NIGHT :   Dinner/

STAY

Memory | 記下旅途回憶

Enjoy your trip!